KB000171

2017년 가족법 주요 판례 10선

이 도서의 국립중앙도서관 출판예정도서목록(CIP)은 서지정보유통지원시스템 홈페이지(http://seoji.nl.go.kr)와 국가자료공동목록시스템(http://www.nl.go.kr/kolisnet)에서 이용하실 수 있습니다.(CIP제어번호: CIP2018016881)

2017년 가족법 주요 판례 10선

김상훈 · 박근웅 · 배인구 · 서종희 · 엄경천
우병창 · 정구태 · 정다영 · 최준규

세창출판사

머리말

『2017년 가족법 주요 판례 10선』을 지난해에 이어 한국가족법학회 총서 제2권으로 연속발간하게 된 것을 우리 회원 여러분들과 함께 자축하고자 합니다.

날이 갈수록 경쟁적으로 순위경쟁에 연연하도록 압박의 강도가 강화되고 있는 강의환경, 열악해져 가는 연구환경, 더 많은 사회적 책무를 부담할 수밖에 없는 현실에서, 학문에 대한 열정 하나만으로 귀중한 옥고를 주신 집필자 여러분, 학회를 위해 헌신하시는 정구태 출판이사의 개인적 희생, 상업적 이익을 고려하지 않은 세창출판사의 결단 덕분입니다. 감사드립니다.

국민 개개인의 자의식이 점증하는 우리 사회에서는 종종 국민의 경험적 의사와 국민 전체의 이익이 일치하지 않는 경우가 많습니다. 이 경우 법적 공동체를 구성하는 국민 개개인의 다양한 이해는 국회에서 민주적 입법절차에 의하는 것이 가장 바람직할 것입니다. 그러나 종종 입법자들은 갈등 해소에 능동적이지 못할 뿐만 아니라, 빠르게 변화하고 있는 우리 사회의 변화에 걸맞은 답을 내놓지 못하는 일이 비일비재합니다.

시시각각으로 변화하고 있는 우리 사회에서 새롭게 등장하는 분쟁은 법관의 전문적 지식과 지혜가 투영된 판례를 통해 해결하는 것이 더 바람직하다는 생각이 듭니다. 법원은 사적 주체 간의 계약내용의 확정 내지 보충이라는 논리조작을 거쳐 법률행위 당사자의 권리의무를 판단하기 때문입니다. 대법원판례는 하급심 법원과 소송당사자에게 추상적인 법률보다 훨씬 직접적이고 구체적인 판단

기준을 법적 명제로 제시하고 있습니다. 대법원판례는 선고 이후 바로 하급심 재판의 법적 기준이 되므로, 반복적이지 않아도 하급심을 절대적으로 구속하게 됩니다.

재판과정을 통하여 법관에 의하여 발견되고 이해관계자들도 판단기준으로 삼으며 법관들에 의하여 실무관행으로 수용된 대법원판례는 민법 제1조의 해석 여하와 관계없이 법률과 마찬가지로 법적 기준으로 볼 수 있습니다. 이러한 현실에서 대법원판결에 대한 연구, 특히 판례평석은 법관들에게 다양한 시각을 제안할 수 있음은 물론, 연구자들로서는 법률의 적용과 해석에 대한 법원의 태도를 가늠할 수 있는 중요한 소통의 장입니다.

이번 제2권에는 2017년에 대법원에서 선고되었던 친족관련 판례 5편, 상속관련 판례 4편과 헌법재판소 결정 1편에 대한 평석이 수록되어 있습니다. 판례에 나타난 실무계의 고뇌와 법원이 제시한 법적 명제에 대하여 연구자들이 나름대로의 관점에서 소통하려 노력하였습니다. 여러 사정으로 판례평석에 참여하지 못하신 연구자와 실무가들의 가족법연구에 도움이 되기를 바랍니다.

내년에 간행될 『가족법 주요 판례 10선』 제3권에서도 회원 여러분의 활발한 참여에 따른 법원과의 깊이 있는 학문적 소통을 통하여 가족법연구가 더한층 발전하기를 기원합니다.

2018년 5월
한국가족법학회 회장 文興安

차 례

▌친 족▌

8

┃상 속┃

친 족

부부간 부양의무와 부부 공동생활비용
부담의 관계
—대법원 2017.8.25.자 2014스26 결정—

엄경천*

Ⅰ. 사실관계

재항고인(처, 이하 '청구인'이라 한다)은 상대방(남편)과 별거하면서 생활비를 받지 못하여, 상대방을 상대로 심판청구를 하였는데, **주위적**으로 2009.12.1.부터 2014.12.27.까지 민법 833조를 근거로 생활비용 지급을 구하고, **예비적**으로 2009.12.경부터 청구인과 상대방의 별거 상태 해소 시까지의 826조 1항을 근거로 과거부양료 및 장래부양료 지급을 구하였다. 이 사건 심판청구서 부본은 2012. 5.23. 상대방에게 송달되었다.

---

* 한국가족법연구소 변호사.

II. 원심[1] 결정: 대구가정법원 2013.12.19.자 2013브34 결정

1. 주위적 청구와 예비적 청구는 본질적으로 동일한 청구원인에 기한 것으로서 그 액수 산정의 근거를 달리 주장하는 것에 불과하여 별개의 청구가 아니라고 보아 이를 예비적 청구 아닌 단순청구로 판단하였다. 나아가 제1심 심판 중 일부를 취소하고 일부 항고를 기각하는 형식의 취소결정 대신 제1심 심판을 변경하는 형식의 변경결정을 하면서, 위와 같이 청구인 주장의 두 청구가 단순청구인 점 및 이 사건이 비송사건인 점 등을 감안하여 부양료 지급의 종기를 주위적 청구 부분에서 주장된 '2014.12.27.까지'로 하지 않고 예비적 청구 부분에서의 주장을 일부 인용하여 '청구인과 상대방의 별거 해소 또는 혼인관계의 종료일까지'로 정함과 아울러 나머지 청구를 기각한다는 뜻을 주문에 기재하지 않았다.

2. 청구인이 이 사건 심판청구 이전에 상대방에 대하여 부양의무의 이행을 청구하였음을 인정할 만한 증거가 없다고 보아 청구인에 관한 부양료 중 이 사건 심판청구서 부본 송달일인 2012.5.23.까지의 부양료 청구 부분을 배척하였다.

---

1) 이 사건은 가사사건으로 원심과 제1심의 재판서를 열람하는 것이 어려워 사실관계나 원심 결정을 파악하지 못한 상태에서 대법원 종합법률정보에 등록된 대법원 판결만 검토하였다. 가사사건이라도 개인정보 보호와 조화를 이루는 범위에서 재판서에 대한 학술목적의 열람이 허용될 수 있기를 바란다.

3. 청구인과 상대방의 나이, 직업과 소득, 경제적 능력, 재산 상황, 친소 내지 유대 정도, 갈등관계 및 그 원인, 사건본인의 나이와 양육상황 등 제반 사정들을 종합하여, 청구인에 대한 부양료로 이 사건 심판청구서 부본 송달 다음 날인 2012.5.24.부터 청구인과 상대방의 별거 해소 또는 혼인관계의 종료일까지 월 500,000원의 지급을, 사건본인에 관한 양육비(부양료)로 2012.5.24.부터 사건본인이 성년에 달하는 전 날까지 월 2,000,000원의 지급을 각 명하였다.

Ⅲ. 대법원 결정

위와 같은 원심 결정에 대하여 청구인이 재항고를 한 사건에서 대법원은 다음과 같은 이유로 재항고를 기각하였다.

1. 민법 제826조 제1항[2] 본문은 "부부는 동거하며 서로 부양하고 협조하여야 한다."라고 규정하고, 민법 제833조는 "부부의 공동생활에 필요한 비용[3]은 당사자 간에 특별한 약정이 없으면 부부가 공동으로 부담한다."라고 규정하고 있다. 제826조의 부부간의 부양·협조는 부부가 서로 자기의 생활을 유지하는 것과 같은 수준으로 상대방의 생활을 유지시켜 주는 것을 의미한다. 이러한 부

---

2) 이하 법명(法名)의 표시 없이 인용하는 조문은 '민법'의 조문을 뜻하고, 조문의 표시도 '제826조 제1항'을 '826조 1항'과 같이 줄여 쓴다. 다만, 판결이나 결정을 그대로 인용할 때에는 법명을 표시하고 조문의 표시도 줄이지 않는다.

3) 이하 판결 이유를 그대로 원용하는 경우를 제외하고는 '부부의 공동생활에 필요한 비용'을 '부부 공동생활비용'으로 줄여서 표현한다.

양·협조의무를 이행하여 자녀의 양육을 포함하는 공동생활로서의 혼인생활을 유지하기 위해서는 부부간에 생활비용의 분담이 필요한데, 제833조는 그 기준을 정하고 있다. 즉 제826조 제1항은 부부간의 부양·협조의무의 근거를, 제833조는 위 부양·협조의무이행의 구체적인 기준을 제시한 조항이다. 가사소송법도 제2조 제1항 제2호의 가사비송사건 중 마류 1호로 "민법 제826조 및 제833조에 따른 부부의 동거·부양·협조 또는 생활비용의 부담에 관한 처분"을 두어 위 제826조에 따른 처분과 제833조에 따른 처분을 같은 심판사항으로 규정하고 있다. 따라서 제833조에 의한 생활비용청구가 제826조와는 무관한 별개의 청구원인에 기한 청구라고 볼 수는 없다.

  2. 민법 제826조 제1항에 규정된 부부간의 상호부양의무는 부부의 일방에게 부양을 받을 필요가 생겼을 때 당연히 발생되는 것이기는 하지만, 과거의 부양료에 관하여는 특별한 사정이 없는 한, 부양을 받을 자가 부양의무자에게 부양의무의 이행을 청구하였음에도 불구하고 부양의무자가 부양의무를 이행하지 아니함으로써 이행지체에 빠진 이후의 것에 대하여만 부양료의 지급을 청구할 수 있을 뿐, 부양의무자가 부양의무의 이행을 청구받기 이전의 부양료의 지급은 청구할 수 없다고 보는 것이 부양의무의 성질이나 형평의 관념에 합치된다(대법원 2008.6.12.자 2005스50 결정, 대법원 2012.12.27. 선고 2011다96932 판결 등 참조).

IV. 해 설

1. 대상 결정의 논점

대상 결정은 첫째, 부부간의 부양의무와 부부 공동생활비용 부담의 관계는 어떠한지 및 부부 공동생활비용의 범위가 어디까지인지, 둘째, 부부간에 과거의 부양료를 청구할 수 있는지 및 '과거의 부양료'에 '부부 공동의 자녀와 동거 친족 등에 대한 체당(替當) 부양료'4)가 포함되는지가 주된 논점이다.

2. 부부간 부양의무 및 부부 공동생활비용 부담의 관계에 관한 검토

가. 학 설

833조의 부부 공동생활비용 부담과 826조 1항의 부양의무의 관계에 대하여는 ① 양자는 본질적으로 유사하다는 견해,5) ② 833조는 부부간의 부양의무를 이행하는 기준을 정한 것이라는 견해6)7)8) 등이 있다.

---

4) 김주수 · 김상용, 친족 · 상속법, 590은 '공동의 부양의무자 중에서 부양료를 지급한 일부가 다른 부양의무자에 대하여 구상을 하는 것'도 체당(替當) 부양료의 구상에 포함된다고 한다.
5) 이경희, 가족법, 89; 한봉희, 가족법, 126.
6) 김주수 · 김상용, 친족 · 상속법, 133.
7) 윤진수 편집대표, 주해친족법 제1권, 284(이동진 집필 부분).
8) 신영호 · 김상훈, 가족법강의, 96.

나. 판 례

대법원은 대상 결정을 통하여 826조 1항은 부부간의 부양·협조의무의 근거를, 833조는 위 부양·협조의무 이행의 구체적인 기준을 제시한 조항이라고 판단했다.

다. 사 견

(1) 부부간의 부양의무 이행과 부부 공동생활비용 부담은 일부 겹치는 부분이 있지만, 동일한 것으로 보기는 어렵다.

(2) 강행규정인지 임의규정인지와 관련하여, **부양의무**를 이행하지 않기로 하는 부부간 합의는 그 자체로 103조 위반으로 효력이 없으나, **부부 공동생활비용 부담**에 관하여는 부부재산계약으로 정할 수 있고(829조 1항), 부부재산계약이 아닌 개별 약정으로도 정할 수 있는(833조) 등 임의규정적 성격이 상대적으로 강하기 때문에[9] 부부 공동생활비용 부담에 관한 구체적인 약정이 선량한 풍속 기타 사회질서에 반하는 등 특별한 사정이 없는 한 유효하다. 예를 들어 ① 남편 입장에서 일시적으로 처의 조카와 함께 생활하는 경우 먹고 자는 것은 허락할 수 있지만 교육비까지 부담할 수는 없다고 할 수도 있고, ② 처 입장에서 일시적으로 시이모와 함께 생활

---

[9] 그런 의미에서 물권의 종류와 내용을 법률 또는 관습법에 의하는 외에는 임의로 창설하지 못한다는 물권법정주의(物權法定主義)와 달리 혼인계약의 내용 중에는 부부재산계약이나 그 밖에 당사자들의 약정에 의하여 어느 정도 자유롭게 정할 수 있다는 의미에서 계약자유의 원칙이 어느 정도 적용된다고 할 수 있다. 법률혼의 제약을 회피하기 위하여 사실혼(事實婚) 관례를 유지하기도 한다. 프랑스에서는 두 이성 또는 동성 성인 간의 시민 결합 제도로 시민연대계약 또는 공동생활약정으로 해석되는 PACS(Pacte civil de solidarité)로 법률혼의 제약 내지 구속을 회피하기도 한다. PACS는 다른 국가들의 시민 결합 제도와 마찬가지로 법적 권리와 의무가 주어지지만 결혼보다는 제한적이다.

하는 경우 먹고 자는 것은 허락할 수 있지만 병원비까지는 부담할 수 없다고 할 수 있다. 이 경우 남편은 처조카의 교육비를 제외한 나머지 식비 등은 부부 공동생활에 필요한 비용으로 보아 부담할 수 있고, 처는 시이모의 병원비를 제외한 나머지 식비 등은 부부 공동생활에 필요한 비용으로 부담할 수 있을 것이다. 또는 남편은 처조카와 함께 생활할 수 있지만 처조카의 생활비는 모두 처가 부담하게 하거나, 처는 시이모와 함께 생활할 수 있지만 시이모의 생활비는 모두 남편이 부담하게 할 수도 있는 것이다. 이와 같이 부부의 부양의무와 부부 공동생활에 필요한 비용 부담은 일부 중복될 수 있지만 같은 것이라고 할 수는 없다.

　(3) 부양의무는 부부 공동생활의 유지에 필요한 것을 서로 제공하는 것으로서 경제적 부양과 신체적·정신적 부양을 모두 포함하는 개념이다.[10] 부부의 공동생활에 필요한 비용이란 부부를 중심으로 하는 가족공동체의 유지에 필요한 비용[11]으로 부부 각자의 생활비뿐만 아니라 부부 공동의 자녀의 생활비,[12] 부부가 공동으로 양육해 온 부부 한쪽의 미성년 자녀의 양육비 기타 부부와 생계를 같이 하며 동거생활을 해 온 부부 한쪽의 친족의 생계비[13]도 생활비용에 포함[14]된다. 그런 의미에서 부부간 부양의무가 재산적 및 비재산적 의무를 포괄하는 반면 생활비용의 부담에 관한 규정은 그중 재산적 부분에 관한 구체적 이행방식을 규정하고 있다는

---

10) 김주수·김상용, 친족·상속법, 132.
11) 김주수·김상용, 친족·상속법, 145.
12) 윤진수 편집대표, 주해친족법 제1권, 285(이동진 집필부분)는 부부 공동의 자녀의 생활비가 부부 공동생활비용에 포함된다는 데 이론(異論)이 없다고 서술하고 있다.
13) 윤진수 편집대표, 주해친족법 제1권, 286(이동진 집필부분).
14) 윤진수 편집대표, 주해친족법 제1권, 285-286(이동진 집필부분).

견해15)는 일면16) 타당성이 있다.

(4) 부부 공동생활은 부부 이외에 부부 사이의 자녀, 부부 일방의 자녀, 부부 일방의 직계존속 등 친족과 함께 이루어지는 경우가 많다. 974조 1호는 직계혈족 및 그 배우자 간 부양의무를 규정하고, 974조 3호는 생계를 같이하는 기타 친족(8촌 이내의 혈족, 4촌 이내의 인척) 간 부양의무를 규정하고 있다. 833조의 부부 공동생활비용에는 부부간의 부양 이외에 자녀와 직계혈족 그리고 생계를 같이하는 기타 친족을 부양하는 비용도 포함되는 것으로 이해하는 것이 사회통념에 맞다.

(5) 논자에 따라서는 자녀의 부양의무, 특히 미성년 자녀에 대한 부양의무의 근거를 974조 1호 이외의 다른 규정(예컨대 913조17)18))이나 친자관계의 본질19)20)에서 찾으려고 한다. 이런 견해는 이른바 1차적 부양(생활유지의무)과 2차적 부양(생활부조의무)을 구분하고 부부간 부양과 미성년 자녀에 대한 부모의 부양을 1차적 부양이라고 하면서 성년 자녀 등에 대한 부양과 구별한다.21) 그러나 974조 1호의 직계혈족에 미성년 자녀가 제외된다고 볼 근거가 없

---

15) 윤진수 편집대표, 주해친족법 제1권, 284(이동진 집필부분).

16) 위 견해 중 833조가 826조 1항의 부부간 부양의무의 재산적 부분에 관한 구체적 이행방식을 규정한 것이라는 것에는 동의하기 어렵다.

17) 신영호 · 김상훈, 가족법강의, 266.

18) 윤진수 편집대표, 주해친족법 제2권, 1467(최준규 집필부분)에서 "친권자의 부양의무는 913조를 근거로 삼을 수 있다."고 설명하고 있다.

19) 김주수 · 김상용, 친족 · 상속법, 579에서는 현행 민법에 미성년 자녀에 대한 부양의무에 관한 명문의 규정이 없는 것을 전제로 "부모의 미성년 자녀에 대한 부양의무에 관하여도 일반적인 친족간의 부양과 구별하여 명문의 규정을 두는 것이 바람직하다"고 지적한다.

20) 대법원 1994.5.13.자 92스21 전원합의체 결정.

21) 생활유지의무와 생활부조의무의 구별에 관한 비판적 견해로는 윤진수 편집대표 주해친족법 제2권 1465-1467(최준규 집필부분) 참조.

을 뿐만 아니라 974조 1호 이외에 미성년 자녀에 대한 부양의 근거
를 찾기 어렵다. **미성년 자녀에 대한 부양의무의 근거는 974조 1
호**[22][23]라고 해야 한다. 975조에서 규정한 '**부양을 받을 자가 자기
의 자력 또는 근로에 의하여 생활을 유지할 수 없는 경우**'를 현실
적이고 탄력적으로 해석함으로써 미성년 자녀와 성년 자녀 등 다
른 친족에 대한 부양의무를 구별할 수 있다. 그런 의미에서 이른바
미성숙 자녀[24][25]라는 개념을 굳이 도입하여 성년 자녀를 미성년
자녀로 의제할 필요는 없을 것이다.

(6) 18세 11개월인 자녀와 19세가 갓 지난 자녀를 생일을 기준
으로 획일적으로 구분하여 부양의무의 범위를 구분하는 것은 현실
생활과 동떨어진 해석이다.[26] 평균적인 경우 대학 1학년 무렵에

---

22) 이경희, 가족법, 251.
23) 윤진수 편집대표, 주해친족법 제2권, 1467(최준규 집필부분)에서도 "947조
이하의 부양의무가 반드시 생활부조의무에 국한된다고 보지 않는다면, 974
조 1호를 부모의 미성년 자녀 부양의 근거조문으로 삼을 수 있다."고 설명
하고 있다.
24) 전혜정, 민법상 부부공동생활비용의 부담에 관한 연구, 46은 "생활비용에
포함되는 자녀에 대한 미성숙자란 표현을 사용하고 있는데, 이는 미성년자
와는 다르다. 일정한 연령으로 구분되는 미성년에 비해 미성숙은 연령이라
고 하는 획일적인 기준이 아니라 당사자의 구체적인 사정에 따라 유연한
해석이 가능하기 때문에 보다 합리적인 기준이 될 수 있다. 자녀가 이미 성
년에 달하고 있어도 태어나면서 병약하여 입원치료를 계속하고 있으며, 지
금도 집에서 모의 보살핌으로 요양생활을 하고 있어 도저히 독립하여 생활
을 영위할 능력이 없는 법률상의 미성숙자로 보는 것이 상당하다고 한 사
례가 그에 해당한다."고 서술하고 있다.
25) 일본에서 이루어지는 논의에 영향을 받은 것으로 보인다.
26) 전혜정, 민법상 부부공동생활비용의 부담에 관한 연구, 45에서도 "833조는
생활비용을 부부의 공동의 생활에 필요한 비용이라고 규정하고 있지만, 부
부의 통상의 생활비용뿐만 아니라 그 사이에서 태어난 미성숙자의 양육 내
지 생활비도 포함하는 것으로 해석하는 것이 일반적이다."고 서술하고 있
다.

성년에 달하는데, 이 경우 대학 1학년 중 생일이 지나기 전에는 부모의 부양을 받고, 생일 이후에는 부모로부터 부양을 받지 않는다는 것은 실제 모습과 다르다. 부모와 자녀 간의 부양은 유효한 법률행위를 할 수 있다는 것, 선거권을 갖는다는 것, 청소년 유해업소에 출입할 수 있다는 것과 같이 획일적으로 정할 성질의 것이 아니다. 경제적으로 어려운 가정에서는 19세 전이라도 자신은 물론 가족을 부양해야 하는 반면, 경제적으로 여유가 있는 가정에서는 적어도 대학이나 대학원 졸업 시까지 부모로부터 경제적인 지원을 받는 경우가 적지 않고 상황에 따라서는 해외 유학비용까지 지원받기도 한다.

(7) 또한 974조에서 말하는 부양의무를 모두 같은 것으로 볼 수도 없다. ① 중산층 가정의 19세 1개월인 성년 자녀와 ② 생계를 같이하는 4촌 처남이나 4촌 시누이(4촌 이내의 인척) 또는 생계를 같이하는 8촌 동생이나 어머니와 7촌인 이모할머니(8촌 이내의 혈족)에 대한 부양의무를 동일하게 취급할 수는 없다.

(8) 미성년이든 성년이든 관계없이 자녀의 생활비는 부부 공동생활비용이라 할 수 있지만, 부양의무와는 조금 다른 것이다. 미성년 자녀의 생활비는 부부 공동생활 비용이고, 성년 자녀의 생활비는 부부 공동생활비용이 아니라고 하는 것은 사회통념과 맞지 않다. 처가 남편과의 약정에 따라 시이모의 체재비를 요구하는 것은 남편에게 부양의무 이행을 요구하는 것과는 다른 것이다.

(9) 따라서 대법원 판례와 같이 826조는 부부간의 부양·협조의무의 근거를, 833조는 위 부양·협조의무 이행의 구체적인 기준을 제시한 것이라는 논리에 대하여는 양자가 일부 겹치는 면을 부인할 수는 없으나, 위 논리를 전부 동의하기는 어렵다.[27] 가사소송법 제2조 제1항 제1호의 가사비송사건 중 마류 1호로 "민법 제826조

및 제833조에 따른 부부의 동거·부양·협조 또는 생활비용의 부담에 관한 처분"을 둔 것은 같은 종류의 심판사항이기 때문에 함께 규정한 것이 아니라 관련성이 있기 때문이다.

(10) 826조 1항은 부부간의 부양·협조의무의 근거 조항이고 833조는 위 부양·협조의무 이행의 구체적인 기준을 제시한 조항이라고 볼 수는 없다. 그렇게 되면 뒤에서 보는 바와 같이 과거의 부양료에 대하여는 이행지체 이후의 것에 대하여만 청구할 수 있다는 대법원 판례[28]를 일관되게 적용할 경우 부부 자신의 부양료 이외에 부부 공동의 자녀 등 친족에 대한 체당 부양료에 대한 구상[29]도 허용되지 않는데, 이것은 미성년 자녀의 과거 양육비에 대

---

27) 가족법(민법 제4편 친족)에 대한 종래 논의는 모든 쟁점을 혼인법(민법 제4편 친족 중 제3장 혼인)으로 몰아서 해결하려는 분위기가 매우 강하다. 친자법(민법 제4편 친족 중 제4장 부모와 자)과 부양법(민법 제4편 친족 중 제7장 부양)의 쟁점도 혼인법과 연계시켜 해석과 입법이 이루어지는 경향이 강하다. 예컨대, 이혼 자녀의 양육 및 양육비 부담에 대한 것도 양육자와 관련된 것은 친자법에서 다루고 양육비와 관련된 것은 부양법에서 다루어야 체계를 정합하게 할 수 있을 것으로 보이지만, 민법 837조라는 혼인법에 몰아서 입법이 이루어지고, 그러다 보니 친권 내지 친권자와는 별도로 **이른바 양육권** 내지 **양육자**라는 기형적이고 가족법 체계와 맞지 않는 논의가 지속되고 있다. 부모의 자녀에 대한 부양과 관련된 문제를 833조 부부 공동생활비용이라는 혼인법에서 통합 논의되는 것도 같은 이유로 보인다. 친자법과 관련된 문제는 친자법에서 다루고, 부양법과 관련된 문제는 부양법에서 다루는 것이 가족법 체계를 보다 정합적으로 하는 방법이라고 본다.

28) 대법원 1991.10.8. 선고 90므781,798(반심) 판결, 대법원 1991.11.26. 선고 91므375(본소), 91므382(반소), 대법원 2008.6.12.자 2005스50 결정, 대법원 2012.12.27. 선고 2011다96932 판결 등.

29) 윤진수 편집대표, 주해친족법 제1권, 286(이동진 집필부분)에서도 성년 자녀의 생활비와 관련하여 '이미 지출된 생활비용을 사후에 정산하는 경우 묵시적 또는 추정적으로 당해 비용을 부부 공동의 비용으로 지출하는 데 동의하였다고 볼 수 있는 한 생활비용이 된다고 본다'고 서술하고 있다.

한 구상을 인정하는 것[30]과 논리적으로 모순될 뿐만 아니라 체당 부양료에 대하여 부양의무를 이행하지 않은 부부 일방에게 부당하게 이익을 주는 것이 되어 매우 부당하다. 833조의 부부 공동생활비용에는 826조 1항에 의한 부부 자신의 부양료 이외에 타방 배우자의 부양료(동거하는 경우)와 부부 공동의 자녀를 포함하여 생계를 같이하는 동거 친족에 대한 부양료도 포함되는 것으로서 포괄적인 개념으로 보아야 한다.

3. 과거의 부양료의 범위 및 자녀(미성년자, 성년자 포함) 등을 부양한 비용의 상환청구 문제

가. 판 례

(1) 대법원은 "민법 제826조 제1항에 규정된 **부부간의 상호부양의무**는 부부의 일방에게 부양을 받을 필요가 생겼을 때 당연히 발생되는 것이기는 하지만, 과거의 부양료에 관하여는 특별한 사정이 없는 한, 부양을 받을 자가 부양의무자에게 부양의무의 이행을 청구하였음에도 불구하고 부양의무자가 부양의무를 이행하지 아니함으로써 **이행지체에 빠진 이후의 것에 대하여만 부양료의 지급을 청구**할 수 있을 뿐, **부양의무자가 부양의무의 이행을 청구받기 이전의 부양료의 지급은 청구할 수 없다**고 보는 것이 부양의무의 성질이나 형평의 관념에 합치된다고 할 것이다"라고 일관되게 판시하고 있다.[31] 대상 결정에서도 이와 같은 종전 태도를 확인하고

---

30) 대법원 1994.5.13.자 92스21 전원합의체 결정.
31) 대법원 1991.10.8. 선고 90므781, 798(반심) 판결; 대법원 1991.11.26. 선고 91므375(본소), 91므382(반소); 대법원 2008.6.12.자 2005스50 결정; 대법원 2012.12.27. 선고 2011다96932 판결 등.

있다.

(2) 대법원은 2012.12.27. 선고 2011다96932 판결[32])에서 "부양의무자인 부부의 일방에 대한 부양의무 이행청구에도 불구하고 배우자가 부양의무를 이행하지 아니함으로써 이행지체에 빠진 후의 것이거나, <u>그렇지 않은 경우에는 부양의무의 성질이나 형평의 관념상 이를 허용해야 할 특별한 사정이 있는 경우에 한하여 이행청구 이전의 과거 부양료를 지급하여야 한다.</u>"고 판시하여 이행청구 이전의 과거 부양료를 지급할 수 있는 여지를 미약하나마 확인하였다.

나. 학 설

(1) 학설은 대체로 "부부의 일방이 상대방에 대하여 부양료를 지급하지 않아서 상대방이 빈곤한 생활을 감수하였거나, 빚을 얻어

---

32) 위 사건에서 대법원은 "가사소송법 제2조 제1항 제2호 나. 마류사건 제1호는 민법 제826조에 따른 부부의 부양에 관한 처분을, 같은 법 제2조 제1항 제2호 나. 마류사건 제8호는 민법 제976조부터 제978조까지의 규정에 따른 부양에 관한 처분을 각각 별개의 가사비송사건으로 규정하고 있다. 따라서 부부간의 부양의무를 이행하지 않은 부부의 일방에 대한 상대방의 부양료 청구는 위 마류사건 제1호의 가사비송사건에 해당하고, 친족 간의 부양의무를 이행하지 않은 친족의 일방에 대한 상대방의 부양료 청구는 위 마류사건 제8호의 가사비송사건에 해당한다 할 것이나, 부부간의 부양의무를 이행하지 않은 부부의 일방에 대하여 상대방의 친족이 구하는 부양료의 상환청구는 같은 법 제2조 제1항 제2호 나. 마류사건의 어디에도 해당하지 아니하여 이를 가사비송사건으로 가정법원의 전속관할에 속하는 것이라고 할 수는 없고, 이는 민사소송사건에 해당한다고 봄이 상당하다."고 판시하여 <u>부모가 선순위 부양의무자인 처(며느리)에 대한 부양료의 상황청구는 가사비송사건이 아니라 민사사건으로 보았다.</u> 그러나 이는 **부양료에 대한 상환청구권(구상권)**의 문제로서 **가사소송법 제2조 제1항 제2호 나. 마류사건 제8호 민법 제976조부터 제978조까지의 규정에 따른 부양(扶養)에 관한 처분**에 해당한다고 보아야 한다.

생활한 경우에는 상대방은 부양의무를 이행하지 않은 일방에 대해
서 과거의 부양료를 청구할 수 있다."고[33] 해석한다.

(2) 이행지체에 빠진 경우에 한하여 과거의 부양료 청구를 인정
하는 판례에 대하여 학설은 부부의 일방이 부양을 필요로 하는 상
태에 있을 때에는 특별한 사정이 없는 한(예컨대, 정당한 이유없이
동거에 응하지 않는 경우) 다른 일방에게는 당연히 상대방 배우자를
부양해야 할 의무가 인정된다. 부부의 일방이 부양청구를 했을 때
비로소 상대방에게 부양의무가 발생하는 것은 아니[34]라고 비판한
다.

다. 사 견

(1) 과거의 부양료 청구와 관련된 종전의 논의는 그 범위를 다시
생각할 필요가 있다. **'부부 일방이 타방 배우자에게 자신과 관련된
과거의 부양료'**를 청구하는 것은 이행지체에 빠진 이후의 것에 대
하여만 구상할 수 있다고 양보하더라도,[35] **'부부가 공동으로 부양
해야 할 책임이 있는 사람(부부 공동의 자녀를 포함하여 생계를 같이
하는 친족 등)에 대한 부양료'**에 대한 상환청구(체당부양료에 대한 구
상)는 이행지체 전의 것이더라도 허용하여야 할 것이다.

(2) 부부 공동의 자녀에 대한 생활비용, 타방 배우자의 혈족(타방
배우자의 전혼 자녀나 혼인외의 자녀, 타방 배우자의 부모 등 직계혈족이
나 타방 배우자의 기타 친족) 등 부부 일방에게 부양의무를 전가시킬

---

33) 김주수 · 김상용, 친족 · 상속법, 133.
34) 김주수 · 김상용, 친족 · 상속법, 133.
35) 부부 일방이 타방에게 이행지체 전 과거의 부양료를 일괄적으로 청구할 수
   없다는 것은 동의할 수 없으나, 현재 대법원 판례의 태도가 확고한 것을 고
   려하여 이 부분에 대하여는 다른 기회에 별도로 논하기로 한다.

수 없는 사람과 관련된 생활비용에 대한 구상권은 과거의 부양료36)라고 하더라도 허용하는 것이 형평의 관념에 합치된다 할 것이다. 그런 의미에서 '과거의 부양료도 원칙적으로 청구할 수 있도록 보되, 과거의 부양료 청구를 제한없이 인정할 경우 부양의무자에게 예측하지 못하는 과도한 부담을 지울 수 있고, 부양권리자에게 필요 이상의 이득을 줄 수 있는 사정을 참작하여 부양료를 정하면 족하다'는 견해37)는 매우 타당하다고 본다.38)

(3) 대법원도 아래에서 보는 바와 같이 **미성년 자녀에 대한 부양료의 상환청구권(양육비청구권)**(대법원 1994. 5. 13.자 92스21 전원합의체 결정)은 물론 **성년 자녀에 대한 부양료의 상환청구권**(대법원 1994. 6. 2.자 93스11 결정)도 허용된다고 보고 있다.

---

36) 종전 1차적 부양과 2차적 부양을 구분하는 견해(김주수·김상용, 친족·상속법, 588-591)는 부부간 부양의무와 관련하여 과거의 양육비를 과거의 부양료에 포함하여 논의하였다. 김주수·김상용, 친족·상속법 133은 '833조는 부부간의 부양의무를 이행하는 데 있어서의 기준을 밝힌 것에 불과하다'고 서술하고 있다.

37) 윤진수 편집대표, 주해친족법 제2권, 1518(최준규 집필부분).

38) 과거의 양육비에 대한 구상권을 인정한 대법원 1994. 5. 13.자 92스21 전원합의체 결정도 "다만 한쪽의 양육자가 양육비를 청구하기 이전의 과거의 양육비 모두를 상대방에게 부담시키게 되면 상대방은 예상하지 못하였던 양육비를 일시에 부담하게 되어 지나치고 가혹하며 신의성실의 원칙이나 형평의 원칙에 어긋날 수도 있으므로, 이와 같은 경우에는 반드시 이행청구 이후의 양육비와 동일한 기준에서 정할 필요는 없고, 부모 중 한쪽이 자녀를 양육하게 된 경위와 그에 소요된 비용의 액수, 그 상대방이 부양의무를 인식한 것인지 여부와 그 시기, 그것이 양육에 소요된 통상의 생활비인지 아니면 이례적이고 불가피하게 소요된 다액의 특별한 비용(치료비 등)인지 여부와 당사자들의 재산 상황이나 경제적 능력과 부담의 형평성 등 여러 사정을 고려하여 적절하다고 인정되는 분담의 범위를 정할 수 있다고 볼 것이다."라고 판시하고 있다. 부부간의 과거의 부양료에 대한 구상도 같은 법리를 적용하면 될 것이고, 그것이 논리일관될 것으로 보인다.

4. 관련 판례(1): 대법원 1994.5.13.자 92스21 전원합의체 결정

가. **다수의견**은 "부모는 그 소생의 자녀를 공동으로 양육할 책임이 있고, 그 양육에 소요되는 비용도 원칙적으로 부모가 공동으로 부담하여야 하는 것이며, 이는 부모 중 누가 친권을 행사하는 자인지 또 누가 양육권자이고 현실로 양육하고 있는 자인지를 물을 것 없이 친자관계의 본질로부터 발생하는 의무라고 할 것이다. 그러므로 어떠한 사정으로 인하여 부모 중 어느 한쪽만이 자녀를 양육하게 된 경우에, 그와 같은 일방에 의한 양육이 그 양육자의 일방적이고 이기적인 목적이나 동기에서 비롯한 것이라거나 자녀의 이익을 위하여 도움이 되지 아니하거나 그 양육비를 상대방에게 부담시키는 것이 오히려 형평에 어긋나게 되는 등 특별한 사정이 있는 경우를 제외하고는, 양육하는 일방은 상대방에 대하여 현재 및 장래에 있어서의 양육비 중 적정 금액의 분담을 청구할 수 있음은 물론이고, 부모의 자녀양육의무는 특별한 사정이 없는 한 자녀의 출생과 동시에 발생하는 것이므로 **과거의 양육비에 대하여도 상대방이 분담함이 상당하다고 인정되는 경우에는 그 비용의 상환을 청구할 수 있다**고 보아야 할 것"이라고 하면서 "다만 한쪽의 양육자가 양육비를 청구하기 이전의 과거의 양육비 모두를 상대방에게 부담시키게 되면 상대방은 예상하지 못하였던 양육비를 일시에 부담하게 되어 지나치고 가혹하며 신의성실의 원칙이나 형평의 원칙에 어긋날 수도 있으므로, 이와 같은 경우에는 반드시 이행청구 이후의 양육비와 동일한 기준에서 정할 필요는 없고, 부모 중 한쪽이 자녀를 양육하게 된 경위와 그에 소요된 비용의 액수, 그 상대방이 부양의무를 인식한 것인지 여부와 그 시기, 그것이 양육에 소요된 통상의 생활비인지 아니면 이례적이고 불가피하게 소요된 다액의

특별한 비용(치료비등)인지 여부와 당사자들의 재산 상황이나 경제적 능력과 부담의 형평성 등 여러 사정을 고려하여 적절하다고 인정되는 분담의 범위를 정할 수 있다고 볼 것이다."라고 판시하였다.

  나. **반대의견(소수의견)**은 "협의의 요청이나 심판청구가 있기 전의 기간에 지출한 양육비에 대하여는 이를 법원의 심판으로서 상대방에게 그 부담을 명할 수는 없다고 본다. 왜냐하면, 민법 제837조 제1항, 제2항, 가사소송법 제2조 제1항 (나)목 (2)마류 3호, 같은 법 제3편(가사비송)의 여러 규정을 종합하면, 이혼한 당사자의 아이의 양육에 관하여 가정법원이 비송사건으로서 행하는 심판은 어디까지나 아이의 현재와 장래의 양육에 관한 사항을 정하거나 이미 정하여진 사항을 변경하는 절차이지, 지나간 과거에 마땅히 이행되었어야 할 부양에 관한 사항을 다시 정하거나 이미 지출된 비용의 분담에 관한 사항을 결정하는 절차가 아니기 때문이다. 뿐만 아니라 협의의 요청이나 심판청구가 있기 전에 지출된 비용의 상환청구는 성질상 민사소송 사항이고 가사소송법이 정한 가정법원의 관할 사항이 아니며, 가사소송법상 가사소송사건과 가사비송사건을 1개의 소로 제기할 수 있으나(가사소송법 제14조 1항), 가사비송사건에 민사소송을 병합할 수는 없는 것이다."라고 하면서 과거의 양육비에 대한 상환을 청구할 수도 없다고 했다.

  다. **다수의견에 대한 보충의견**은 위와 같은 반대의견에 대하여 "민법 제837조에 의하면 이혼한 부부는 자(子)의 양육에 관한 사항을 협의에 의하여 정하여야 하고 협의가 되지 아니하거나 협의할 수 없는 때에는 가정법원이 당사자의 청구에 의하여 정하도록 규

정되어 있는바, 가사소송법은 제2조 제1항 나. (2) 마류사건 제3호
에서 민법 제837조의 규정에 의한 자의 양육에 관한 처분을 가사
비송사건으로 규정하면서 그 처분의 대상이 되는 양육에 관한 사
항을 장래의 것만으로 한정하고 있지 아니하고, 민법이 이혼한 부
부의 일방만이 자를 양육하여 온 경우에 다른 일방(이 뒤에는 "상대
방"이라고 약칭한다)과 사이에 과거의 양육비를 분담하는 비율을 정
하는 데 관하여 달리 규정하고 있지도 아니하므로, 이혼한 부부 각
자가 분담하여야 할 과거의 양육비의 비율이나 금액을 장래에 대
한 것과 함께 정하는 것도 민법 제837조 제2항에 규정된 자의 양육
에 관한 처분에 해당하는 것으로 보아, 가정법원이 자의 연령 및
부모의 재산상황 등 기타 사정을 참작하여 심판으로 정하여야 할
것이지 지방법원이 민사소송절차에 따라 판정할 것은 아니라고 해
석함이 상당하다."고 밝혔다.

5. 관련 판례(2): 대법원 1994.6.2.자 93스11 결정

가. 대법원은 청구인이 이혼한 전 남편인 피청구인을 상대로 하
여 피청구인과의 혼인 중에 낳은 딸인 사건외인의 치료비로 청구
인이 지출한 비용의 구상을 청구한 사건에서 "청구인과 피청구인
은 사건외인의 직계혈족으로서 그가 부양을 필요로 하는 경우에는
민법 제974조 제1호, 제975조의 규정에 의하여 부양의무를 부담한
다고 할 것이고, 민법 제976조, 제977조는 부양을 할 자의 순위나
부양의 정도 또는 방법에 관하여 당사자 간에 협정이 없는 때에는
법원은 당사자의 청구에 의하여 이를 정한다고 규정하고, 제978조
는 이에 관한 당사자의 협정이나 법원의 판결이 있은 후 이에 관한
사정변경이 있는 때에는 법원은 당사자의 청구에 의하여 그 협정

이나 판결을 취소 또는 변경할 수 있다고 규정하고 있으며, 가사소송법 제2조 제1항 나. (2) 8호는 위 민법규정에 의한 법원의 처분을 마류 가사비송사건으로 정하여 가정법원의 전속관할로 하고 있으므로, 성년에 달한 자녀의 부양에 관한 사항은 위 가사소송법의 규정에 의한 가사비송사건에 해당한다고 할 것이고, **과거의 부양료의 구상청구도** 위 규정에 의하여 **가사비송사건**으로서 청구할 수 있다"고 판시하였다.

나. 또한, "민법 제974조, 제975조에 의하여 부양의 의무 있는 자가 여러 사람인 경우에 그 중 부양의무를 이행한 1인은 다른 부양의무자를 상대로 하여 이미 지출한 과거의 부양료에 대하여도 상대방이 분담함이 상당하다고 인정되는 범위에서 그 비용의 상환을 청구할 수 있는 것이고, 이 경우 법원이 분담비율이나 분담액을 정함에 있어서는 과거의 양육에 관하여 부모 쌍방이 기여한 정도, 자의 연령 및 부모의 재산상황이나 자력 등 기타 제반 사정을 참작하여 적절하다고 인정되는 분담의 범위를 정할 수 있다"고 판시하여, 성년인 자녀를 단독으로 부양한 부모 일방이 다른 부모에게 과거의 부양료에 대한 구상권을 행사할 수 있다고 선언하였다.

6. 대상판결의 의의

가. 대상판결은 826조의 부부간의 부양협조의무와 833조의 부부 공동생활비용 분담의 관계를 다룬 첫 번째 대법원 판결이라는 점 자체만으로도 매우 의미 있다.

나. 다만, 구체적인 판단에서는 종전 지배적인 견해와 이에 터

잡은 종전 대법원 판결을 확인하는 것에 그쳤다는 점이 아쉽다.

다. 미성년 자녀의 부양의무의 실체법적 근거를 무엇으로 볼 것
인지, '민법 제4편 제7장 부양'과 826조의 부부간 부양의 관계를 어
떻게 볼 것인지(이른바 제한적 적용설과 전면적 적용설[39] 등), 양육비
청구권과 부양청구권의 관계를 어떻게 파악할 것인지,[40] 가사비송
사건과 민사소송사건의 구별을 어떻게 할 것인지 등에 대한 과제
를 확인하는 계기가 되었다고 볼 수 있다.[41]

7. 결 론

가. 부부간의 부양의무와 부부 공동생활비용 부담 문제는 일부
중복될 수 있으나, 동일한 것이거나 833조가 826조 1항의 구체적
인 기준이라고 할 수는 없다.

나. 부부간 부양의무와 부부 공동생활비용 부담을 동일한 것(826
조 1항은 부부간의 부양·협조의무의 근거를, 833조는 위 부양·협조의
무 이행의 구체적인 기준을 제시한 조항)으로 보는 대법원 판례와 종
전 지배적인 견해에 따를 경우 부부간 과거 부양료 청구는 부부 자

---

39) 임종효, 양육비청구권에 관한 기초 이론 및 실무상 쟁점, 235.
40) 미성년 자녀(직계비속)는 부모(직계혈족)에게 '부양청구권 또는 부양료청
   구권'을 갖는다(974조 1호). 자녀를 직접 양육하는 부모나 기타 현실적으로
   미성년자를 양육하는 사람은 미성년자의 부모 등 미성년자에 대한 선순위
   부양의무자에게 과거 및 장래의 부양료에 대한 상환청구권을 갖는데 이것
   을 '양육비청구권'이라고 할 수 있다.
41) 제2차 세계대전 전 일본 민법의 성과를 이식하는 것에서 벗어나 우리 실정
   에 맞는 가족법을 확인하고 찾으려는 노력도 게을리하지 말아야 할 것이
   다.

신의 부양료와 자녀 등 제3자에 대한 부양료를 구분하여 부부 자신의 과거 부양료(이행지체 전의 과거 부양료)는 청구하지 못한다고 하더라도[42](지배적인 학설은 반대) 부부 이외의 제3자에 대한 과거 부양료(제3자에 대한 부양료의 상환청구권)는 청구할 수 있어야 한다.[43]

　　다. 미성년 자녀에 대한 과거의 양육비에 대한 상환청구[44]와 성년 자녀에 대한 부양료의 상환청구[45]는 모두 본질적으로 부양료에 대한 상환청구권(구상권)이기 때문에 가사비송사건이고, 가사소송법 제2조 1항 2호 나목 8) 민법 제976조부터 제978조까지의 규정에 따른 부양(扶養)에 관한 처분[46]에 속한다. **부양료에 대한 상환청구권의 실체법적 근거**는 **976조와 977조**로 보아야 하고, 이혼(혼인취소에서도 준용)와 관련하여 미성년 자녀의 양육비청구와 관련된 민법 837조 2항은 **위 규정에 대한 특별규정**이라고 해야 할 것이다.

　　라. 대상 판결에서 청구인의 주위적 청구와 예비적 청구를 예비적 병합이 아닌 단순 병합으로 보더라도 ① **주위적 청구(2009.12.1.**

---

42) 대법원 1991.10.8. 선고 90므781, 798(반심) 판결; 대법원 1991.11.26. 선고 91므375(본소), 91므382(반소); 대법원 2008.6.12.자 2005스50 결정; 대법원 2012.12.27. 선고 2011다96932 판결 등 판례에 의할 경우를 의미한다.

43) 대법원 1994.6.2.자 93스11 결정은 이 점을 명확히 하였다는 점에서 의의가 있다.

44) 대법원 1994.5.13.자 92스21 전원합의체 결정의 다수의견은 가사비송사건으로, 소수의견(반대의견)은 민사소송사건으로 보았다.

45) 대법원 2012.12.27. 선고 2011다96932 판결은 민사소송사건으로 보았다.

46) 대법원 1994.5.13.자 92스21 전원합의체 결정의 소수의견은 부모의 미성년 자녀에 대한 과거의 양육비청구권에 관한 실체적법 및 절차법적 근거가 없다는 지적은 부당하다.

부터 2014.12.27.까지 생활비용 지급 청구)는 두 가지로 나누어서 ㉠
청구인 자신의 부양료(부부 자신에 대한 부양료)에 해당하는 것 중
청구인이 구하는 2009.12.1.부터 이 사건 심판청구서 부본이 상대
방에게 송달된 2012.5.23.까지에 대한 부분에 대하여는 이행지체
이후에 대하여만 청구할 수 있다는 종전 판례에 의하여 기각하더
라도, ㉡ 2009.12.1.부터 2014.12.27.까지 청구인과 상대방의 공
동 자녀에 대한 체당부양료의 상환을 구하는 부분은 일부 인용하
는 취지로 파기하고 원심에서 구체적인 체당부양료를 산정하도록
환송했어야 한다. 청구인의 ② **예비적 청구(2009.12.경부터 청구인
과 상대방의 별거 상태 해소시까지의 과거의 부양료 및 장래의 부양료 지
급 청구)** 중 ㉮ 청구인 자신의 과거의 부양료(부부 자신에 대한 과거
의 부양료) 청구 부분(2009.12.1.부터 이 사건 심판청구서 부본이 상대
방에게 송달된 2012.5.23.까지)은 주위적 청구(①의 ㉠ 부분)와 중복되
므로 이유에서 기각 취지를 기재하되 주문에는 기재하지 않고,[47]
㉯ 청구인 자신의 장래의 부양료 부분(심판청구서 부본이 상대방에게
송달된 다음 날인 2012.5.24.부터 별거 상태 해소시[48]까지)은 부양료
지급의 종기를 잘못 정한 것을 이유로 파기환송하여야 하며, ㉰ 미
성년 자녀(사건본인)의 부양료[49]에 해당하는 부분만 원심을 유지하
는 취지에서 상고를 기각하여야 했다.

---

47) 가사비송사건이므로 일부 기각을 선언할 필요는 없다.
48) 가사소송규칙 93조 2항 본문(금전의 지급이나 물건의 인도, 기타 재산상의
   의무이행을 구하는 청구에 대하여는, 그 청구의 취지를 초과하여 의무의
   이행을 명할 수 없다.)에 의하여 청구취지를 초과하는 혼인해소시까지 지
   급을 명할 수는 없다.
49) 미성년 자녀(사건본인)의 부양료에 대한 부분은 양육비이기 때문에 가사
   소송규칙 93조 2항 단서(다만, 가정법원이 자의 복리를 위하여 양육에 관
   한 사항을 정하는 경우에는 그러하지 아니하다.)에 의하여 청구를 초과하
   여 의무 이행을 명할 수 있다.

참고문헌

김주수 · 김상용, 『친족상속법』(제14판), 법문사, 2017.

신영호 · 김상훈, 『가족법강의』(제3판), 세창출판사, 2018.

윤진수, 『친족상속법강의』, 박영사, 2016.

윤진수 편집대표, 『주해친족법 제1권』, 박영사, 2015.

윤진수 편집대표, 『주해친족법 제2권』, 박영사, 2015.

이경희, 『가족법』(8정판), 법원사, 2013.

이경희, "자에 대한 부모의 부양의무의 법적근거", 「법학연구」 제24권 제1호, 연세대학교 법학연구원, 2014.

임종효, "양육비청구권에 관한 기초 이론 및 실무상 쟁점", 「사법논집」 제51집, 법원도서관, 2010.

전혜정, "민법상 부부공동생활비용의 부담에 관한 연구", 「가족법연구」 제20권 제2호, 한국가족법학회, 2006.

한봉희, 『가족법』(2010년 개정판), 푸른세상, 2010.

장래의 재산분할청구권의 양도

─대법원 2017.9.21. 선고 2015다61286 판결─

김상훈[*]

I. 사실관계

A는 2009.5.27. B를 상대로 이혼 및 재산분할 등 청구의 소를 제기하였다. 그러자 B는 A를 상대로 이혼 및 위자료 등 청구의 반소를 제기하였고, 두 개의 소송은 병합되었다(이하 '이 사건 이혼소송'이라 한다). 이 사건 이혼소송의 1심인 서울가정법원은 2011.6.1. "B는 A에게 재산분할로 5억 6,500만 원 및 이에 대한 판결확정일 이후 지연이자를 지급하라"라는 판결을 선고하였다. 이에 대해 쌍방이 모두 항소하였고, 항소심인 서울고등법원은 2012.11.8. "B는 A에게 재산분할로 10억 1,700만 원 및 이에 대한 판결확정일 이후 지연이자를 지급하라"라는 판결을 선고하였다. 이 판결에는 재산분할 외에도 위자료 3,000만원과 이행기가 도래한 양육비 4,500만

---

[*] 법무법인 바른 변호사, 법학박사.

원1)이 포함되어 있었다. 이 항소심 판결에 대해 쌍방이 모두 상고 하였으나, 대법원은 2013.3.28. 각 상고를 기각하여 이 사건 이혼소송이 확정되었다.

한편 A는 2012.12.13. 원고 C에게 차용금 채무의 변제를 위한 담보 또는 변제의 방법으로 이 사건 이혼소송의 항소심 판결에서 지급을 명한 A의 B에 대한 채권(이하 '이 사건 판결금 채권'이라 한다) 중 1억 5,000만 원을 양도하였으며, 2012.12.13. B에게 위 양도사실을 통지하였고, 위 양도통지는 2012.12.18. B에게 도달하였다. 또한 A는 2013.1.7. 원고 D에게 차용금 채무의 변제를 위한 담보 또는 변제의 방법으로 이 사건 판결금 채권 중 1억 원을 양도하였으며, 2013.1.9. B에게 위 양도사실을 통지하였고, 위 양도통지는 같은 날 B에게 도달하였다. 그 후 원고들은 B를 상대로 이 사건 양수금청구의 소를 제기하였다(이하 '이 사건 양수금소송'이라 한다).

II. 원심판결

이 사건 양수금소송의 제1심인 서울중앙지법은 위 각 채권양도의 효력을 인정하였지만 B의 상계항변을 받아들여 원고들의 청구를 기각하였다.2) 항소심인 서울고등법원에서는 역시 각 채권양도의 효력을 인정하면서 B의 상계항변을 별도의 이유를 들어 배척함으로써 결과적으로 원고들의 이 사건 양수금청구를 인용하였다.3)

---

1) 과거 양육비 500만 원 + 매월 200만 원 × 기산일인 2011.4.21.부터 채권양도일인 2012.12.13.이나 2013.1.7.까지 약 20개월.
2) 서울중앙지방법원 2014.4.17. 선고 2013가합43661 판결.
3) 서울고등법원 2015.8.28. 선고 2014나26202 판결.

Ⅲ. 대법원 판결

대법원은, 위자료채권은 3,000만 원에 불과하고 양육비채권도 위 각 채권양도 당시 이미 이행기가 도래한 것은 약 4,500만 원이어서 원고들이 A로부터 특정하지 않고 그 일부를 양수한 이 사건 판결금 채권에는 재산분할청구에 따른 채권이 포함되어 있다는 전제에서 다음과 같이 판시하였다.

"이혼으로 인한 재산분할청구권은 이혼을 한 당사자의 일방이 다른 일방에 대하여 재산분할을 청구할 수 있는 권리로서, 이혼이 성립한 때에 법적 효과로서 비로소 발생하며, 또한 협의 또는 심판에 의하여 구체적 내용이 형성되기 전까지는 범위 및 내용이 불명확·불확정하기 때문에 구체적으로 권리가 발생하였다고 할 수 없다. 따라서 당사자가 이혼이 성립하기 전에 이혼소송과 병합하여 재산분할의 청구를 한 경우에, 아직 발생하지 아니하였고 구체적 내용이 형성되지 아니한 재산분할청구권을 미리 양도하는 것은 성질상 허용되지 아니하며, 법원이 이혼과 동시에 재산분할로서 금전의 지급을 명하는 판결이 확정된 이후부터 채권 양도의 대상이 될 수 있다."

IV. 해 설

1. 대상판결의 논점

대상판결은 이혼으로 인한 재산분할청구권이 언제 발생하는지, 협의 또는 심판에 의해 구체적 내용이 형성되기 전에 미리 재산분할청구권을 양도할 수 있는지 여부를 논점으로 하고 있다. 재산분할청구권을 일신전속적 권리로 이해하는 통설과 판례에 의할 경우, 재산분할청구권의 양도성의 문제는 재산분할청구권의 상속성의 문제와 직접적으로 관련된다. 이처럼 재산분할청구권의 양도성이나 상속성에 관한 논의는 일신전속성에 관한 논의를 전제로 하기 때문에 이들 문제에 앞서 일신전속성에 관한 논의가 선행되어야 한다.

2. 재산분할청구권의 발생시기

가. 학 설

재산분할청구권이 언제 발생하는지에 관하여는 주로 일본을 중심으로 논의가 전개되어 왔다. 대표적인 학설로는, 재산분할청구권은 당사자 간의 협의나 심판에 의하여 비로소 발생(형성)된다는 견해(형성설), 이혼이라는 사실로부터 재산분할청구권은 이미 발생하고 구체적인 재산분할의 정도 및 방법은 심판에 의해 결정되지만 이는 이미 존재하는 재산분할청구권의 내용을 확정(확인)하는 절차에 불과하다는 견해(확인설), 이혼이라는 사실로부터 추상적인 재산분할청구권은 발생하지만 당사자 간의 협의나 심판에 의

해 비로소 구체적인 재산분할청구권이 된다는 견해(이원설)가 있다.[4]

나. 판 례

일본의 최고재판소는, 이혼에 의하여 발생하는 재산분할청구권은 일개의 사권으로서의 성격을 갖지만 협의 또는 심판 등에 의하여 구체적 내용이 형성되기까지는 그 범위 및 내용이 불확정, 불명확하므로 그러한 재산분할청구권을 보전하기 위하여 채권자대위권을 행사하는 것은 허용되지 않는다고 하여 이원론적 입장에 서 있다.[5]

대법원은 일본 최고재판소의 입장과 같이 재산분할청구권을 당사자의 협의나 가정법원의 심판에 의하여 그 구체적 내용이 형성되기까지는 구체적 권리로 보지 않는다. 즉 이혼이라는 사실에 의하여 추상적인 재산분할청구권이 발생하고 당사자의 협의나 가정법원의 심판에 의하여 구체적인 권리로 된다는 입장이다. 그리하여 이혼으로 인한 재산분할청구권은 협의 또는 심판에 의하여 그 구체적 내용이 형성되기까지는 그 범위 및 내용이 불명확·불확정하기 때문에 구체적으로 권리가 발생하였다고 할 수 없으므로 이

---

4) 민유숙, "이혼시 재산분할청구권을 보전하기 위해 채권자대위권을 행사할 수 있는지 여부", 『가족법 판례해설』, 세창출판사(2009), 209면; 장성원, "재산분할청구사건을 본안으로 하는 보전처분에 관하여", 『가정법원사건의 제문제(재판자료 제62집)』, 법원도서관(1993), 376-377면.

5) 最高裁判所 昭和 55年 7月 11日 判決[昭53(オ)321号], 民集 34卷 4号 628頁. 한편 일본 최고재판소 판결 중에는 "재산분할의 권리의무는 이혼의 성립에 의하여 발생하고 실체적 권리의무로서 존재하며 당사자의 협의 등은 단지 그 내용을 구체적으로 확정하기 위한 것에 지나지 않는다."라고 판시한 것도 있는데(最高裁判所 昭和 50年 5月 27日 判決[昭47(行ツ)4号], 民集 29卷 5号 641頁), 이것은 확인설에 가까운 듯한 뉘앙스를 풍기고 있다.

를 보전하기 위하여 채권자대위권을 행사할 수 없다고 하였다.[6] 또한 이혼으로 인한 재산분할청구권은 이혼을 한 당사자의 일방이 다른 일방에 대하여 재산분할을 청구할 수 있는 권리로서 이혼이 성립한 때에 그 법적 효과로서 비로소 발생하는 것일 뿐만 아니라, 협의 또는 심판에 의하여 구체적 내용이 형성되기까지는 그 범위 및 내용이 불명확·불확정하기 때문에 구체적으로 권리가 발생하였다고 할 수 없으므로 협의 또는 심판에 의하여 구체화되지 않은 재산분할청구권은 채무자의 책임재산에 해당하지 아니하고, 이를 포기하는 행위 또한 채권자취소권의 대상이 될 수 없다고 하였다.[7] 그리고 대상판결 역시 위와 같은 이유로 재산분할청구권을 양도하는 것은 허용되지 않는다고 하였다.

다. 검 토

재산분할청구권은 이혼한 날부터 2년을 경과하면 소멸한다(민법 제839조의2 제3항). 이 기간은 제척기간이라는 견해가 통설이고,[8] 제척기간은 일정한 권리에 관하여 법률이 예정하는 권리의 존속기간이다.[9] 즉 제척기간이 경과하면 존재하던 권리는 소멸하게 된다. 따라서 재산분할청구권은 이혼이 성립하면 그 즉시 권리가 발생한다고 보아야 한다. 존재하지도 않던 권리가 제척기간의 경과

---

6) 대법원 1999.4.9. 선고 98다58016 판결.

7) 대법원 2013.10.11. 선고 2013다7936 판결.

8) 윤진수 편집대표/이동진 집필부분,『주해친족법(제1권)』, 박영사(2015), 418면; 신영호/김상훈,『가족법강의』제3판, 세창출판사(2018), 146면; 김주수/김상용,『친족상속법』제14판, 법문사(2017), 266면; 윤진수,『친족상속법강의』, 박영사(2016), 119면.

9) 곽윤직/김재형,『민법총칙』제9판, 박영사(2013), 419면; 곽윤직 편집대표/윤진수 집필부분,『민법주해[III]』, 박영사(1992), 400면.

에 의해 소멸할 수는 없기 때문이다.

　그러나 판례가 취하는 이원설의 입장처럼 권리를 추상적 권리와 구체적 권리로 구분하는 것에는 반대한다. 하나의 권리가 일정한 시점을 기준으로 하여 그 성질을 달리한다는 것은 납득할 수 없으며, 이렇게 나누는 근거도 불분명하거니와 구분 실익도 없기 때문이다. 어떤 권리가 발생은 했는데 아직 범위와 내용이 불명확하다고 해서 추상적 권리에 불과하고 이로 인해 대위행사도 안 되고 양도도 안 되며 포기를 하더라도 채권자취소권의 대상도 안 된다고 한다면, 같은 이유로 아직 이혼하기 이전에 재산분할청구권을 피보전권리로 하는 채권자취소권은 행사할 수 없다고 해야 하지만 우리 민법은 이를 명문으로 인정하고 있다(제839조의3).[10] 그리고 판례의 논리대로라면 이혼이 성립하기 전에는 물론이고 이혼이 성립한 후라도 재산분할청구권을 피보전채권으로 하는 가압류나 가처분도 허용될 수 없다고 해야 하지만, 실무상 이 역시 인정되고 있다.[11] 또한 재산분할청구권을 포기하는 것은 채권자취소권의 대상이 아니라는 판례의 입장은, 추상적 권리에 불과한 상태에 있어서 포기의 대상조차 구체적으로 특정되지 않은 권리를 어떻게 포기할 수 있다는 것인지를 설명할 수 없다.[12] 재산분할청구권이

---

10) 재산분할청구권을 보전하기 위한 채권자취소권을 행사할 수 있는지에 관하여는 종래 의문이 없지 않았으나, 제839조의3 규정이 신설됨으로써 이제 당사자의 협의나 법원의 심판이 있기 전에도 재산분할청구권을 보전하기 위한 채권자취소권의 행사가 가능하다는 것이 명문으로 인정되었다. 김주수/김상용, 앞의 책, 260-261면.

11) 임채웅, "이혼을 원인으로 한 재산분할청구채권의 확정 전 양도가능성에 관한 연구", 가족법연구 제31권 제3호, 한국가족법학회(2017/11), 492면 각주 10).

12) 협의 또는 심판에 의해 구체화되지 않은 재산분할청구권을 포기하는 행위는 채권자취소권의 대상이 될 수 없다는 판례에 대하여, 구체적으로 형성

협의 또는 심판에 의해 그 내용과 범위가 구체적으로 확정된 경우, 그러한 채권은 더 이상 재산분할청구권이라는 법정채권[13]이라고 할 수도 없다. 그것은 확정된 권리의 내용 그대로의 채권, 즉 약정 또는 판결에 기한 소유권이전등기청구권, 금전지급청구권, 동산인 도청구권 등 개별적인 급부청구권인 것이다.

 권리를 구체적 권리와 추상적 권리로 구분하는 방식은 원래 공법상 기본권개념에서 사용되어 왔다. 사법상 권리의 개념을 추상적 권리와 구체적 권리로 대별하는 방식은 찾아보기 어렵다.[14] 공법이론에서는 기본권을 효력에 따라 분류할 때 프로그램권리와 법적 권리로 구분하고, 법적 권리를 다시 추상적 권리와 구체적 권리로 구분한다. 추상적 권리는 구체적인 입법에 의해서만 실현될 수 있는 기본권을 의미하고, 구체적 권리는 별도의 입법 없이도 국가에 대해 적극적으로 그 실현을 요구할 수 있는 기본권을 의미한다.[15] 추상적 권리와 구체적 권리에 관한 이러한 본래 의미에 따르

되지 않은 재산분할청구권도 채권자취소권의 피보전채권이 될 수 있는 점에 비추어 보면 그러한 설명은 의문이라고 하면서, 재산분할청구권의 포기를 취소하더라도 채권자가 다시 재산분할청구권을 대위행사할 수 없으므로 재산분할청구권의 포기는 채권자취소권의 대상이 될 수 없다고 설명하는 것이 옳다는 비판으로는, 윤진수, 앞의 책, 106면.

13) 재산분할청구권은 법률의 규정에 의한 채권(법정채권)으로 보는 것이 일반적이다. 김주수/김상용, 앞의 책, 244면; 박동섭, 『친족상속법』 제4판, 박영사(2013), 197면.

14) 사법상 권리의 일반적인 분류방법은, 내용에 의한 분류(재산권, 인격권, 가족권, 사원권 등), 작용에 의한 분류(지배권, 청구권, 형성권, 항변권 등), 그리고 기타의 분류(절대권과 상대권, 일신전속권과 비전속권, 주된 권리와 종된 권리 등) 방식이다. 곽윤직/김재형, 앞의 책, 61-68면; 양창수/권영준, 『권리의 변동과 구제』 제3판, 박영사(2017), 8-9면 등.

15) 허영, 『헌법이론과 헌법』 신정11판, 박영사(2006), 616-617면; 권영성, 『헌법학원론』 개정판, 법문사(2006), 631-632면; 김철수, 『헌법학개론』 신정18판, 박영사(2006), 283-284면.

면, 이미 법률에 의해 인정되고 발생한 권리가 아직 그 내용과 범위가 확정되지 않았다고 해서 이를 추상적 권리에 불과하다고 볼 이유가 없다. 이러한 권리는 그 실현을 위해 별도의 입법 등을 필요로 하지 않고 권리자의 의사에 따라 즉시 권리행사가 가능하기 때문이다. 사실 합의나 판결 전까지 권리의 내용과 범위가 확정되지 않는다는 점은 다른 많은 권리에 있어서도 동일하다고 할 수 있다. 예를 들어 교통사고가 나서 손해배상청구권이 발생했을 때 구체적인 손해액은 합의나 판결이 나기 전까지는 구체적으로 확정되지 않는다고 볼 수 있다. 그렇다고 해서 그 손해배상청구권이 추상적 권리에 불과하기 때문에 대위행사도 안 되고 양도도 안 되는 권리라고 할 수는 없다. 따라서 법률에 의해 이미 성립한 권리라면 설사 합의나 판결에 의해 그 범위와 내용이 아직 확정되지 않았다 하더라도 이를 추상적 권리라는 이유로 권리행사가 불가능하다고 해서는 안 된다. 뒤에서 자세히 언급하겠지만, 재산분할청구권을 대위행사할 수 없고 양도할 수 없으며 재산분할청구권을 포기하는 행위가 채권자취소권의 대상이 될 수 없는 이유는 그것이 추상적 권리이기 때문이 아니라 재산분할청구권의 일신전속적 성격 때문이라고 보아야 한다.

3. 일신전속성

가. 일신전속권의 구분에 관한 일반론

사법상의 권리는 일반적으로 그 주체의 긴밀한 정도를 표준으로 일신전속권과 비전속권으로 구분한다. 일신전속권은 권리의 성질상 타인에게 귀속시킬 수 없는 권리를 말하고, 비전속권은 그렇지 않은 대부분의 권리를 말한다. 일신전속권은 다시 귀속상 일신전속권과 행사상 일신전속권으로 나뉘는데, 귀속상 일신전속권은 권리의 주체만이 향유할 수 있고 양도와 상속 등에 의해 타인에게 이전할 수 없는 권리이고, 행사상 일신전속권은 권리의 주체만이 이를 행사할 수 있는 권리로서 권리자 이외의 타인이 대위하여 행사할 수 없는 권리이다.[16] 그리하여 일반적으로 행사상 일신전속권의 예로서 친생부인권, 인지청구권, 혼인취소권 등과 같이 일정한 친족상 신분과 결부된 권리가 대표적으로 거론되고 있고, 귀속상 일신전속권의 예로서 종신정기금채권, 채무자의 사망을 종기 또는 해제조건으로 하는 채권, 사용대차나 위임과 같이 당사자 사이의 특별한 신뢰관계를 기초로 하는 채권 등이 대표적으로 언급되고 있다.[17]

재산분할청구권이 행사상 일신전속권이라는 점에 관해서는 현재 이견이 없다.[18] 그 이유는, 재산분할청구권은 부부 관계의 실질을 고려하고 이혼 당사자를 보호하기 위하여 인정된 특별한 권리로서 행사 여부를 이혼 당사자의 결정에 맡기는 것이 타당한 측면이 있기 때문이라고 한다.[19] 서울가정법원에서도 이와 같은 취지로 판시한 바 있다.[20] 한편 재산분할청구권이 귀속상의 일신전속

---

16) 奧田昌道 編集, 『注釋民法(10) 債權(1)』, 有斐閣(昭和 62年), 423면; 곽윤직/김재형, 앞의 책, 67면; 양창수/권영준, 앞의 책, 9면.

17) 정구태, "유류분반환청구권의 일신전속성", 홍익법학 제14권 제2호, 홍익대학교 법학연구소(2013/6), 679-680면.

18) 정구태, 앞의 논문, 692면; 양형우, 『민법의 세계: 이론과 판례』제10판, 피앤씨미디어(2018), 1688면 등.

19) 윤진수 편집대표/이동진 집필부분, 앞의 책, 427면; 윤진수, 앞의 책, 105면.

20) 서울가정법원 2010.7.13.자 2009느합289 심판: "재산분할청구권은 순수한 재산상의 청구권과 달리 반드시 그 당사자에 의하여 청구되어야 하고 타인이 일방을 대신하여 또는 대위하여 청구할 수 없는 것이라는 의미에서의

권은 아니라는 점에 관해서도 이를 부정하는 견해를 찾기 힘들다.[21] 정리하면 재산분할청구권은 행사상 일신전속권이지만 귀속상 일신전속권은 아니라는 것이 통설이라고 할 수 있다.

참고로 일신전속성과 소송수계의 관계에 대해서 짚고 넘어가자면, 일신전속성은 실체법적 개념이고 소송수계는 절차법적 개념인데, 상속인으로 하여금 소송절차의 수계를 허용한다는 것은 당해 권리의 귀속상 일신전속성을 부정하고 상속성을 인정하는 것이라고 볼 수 있다. 예컨대 재판상의 이혼청구권은 부부의 일신전속적 권리이므로 이혼소송 계속 중 배우자의 일방이 사망한 때에는 상속인이 그 절차를 수계할 수 없음은 물론이고, 또 그러한 경우에 검사가 이를 수계할 수 있는 특별한 규정도 없으므로 이혼소송은 종료된다.[22] 이혼청구권은 귀속상 일신전속권이기 때문에 상속이 허용되지 않고 따라서 이혼소송 계속 중 배우자 일방이 사망하더라도 상속인이 이혼소송을 수계할 수 없다는 것이다. 또한 호주상속회복청구권이 귀속상 일신전속권이어서 상속인에게 상속될 수 없는 권리이고 따라서 호주상속회복소송 중에 당사자가 사망하더라도 상속인이 그 소송절차를 수계할 수 없다는 대법원 판결 역시 같은 취지이다.[23]

행사상의 일신전속권으로 봄이 상당한데, 이 점은 신분상의 권리이기 때문이 아니라, 비록 형성 이후에는 신분적 요소가 대부분 탈락하지만 혼인관계에서 근거를 둔 권리라는 점에서 당사자의 의사가 절대적으로 존중되어야 한다는 점 때문에 그러하다."(밑줄은 필자가 임의로 표시한 것임. 이하 동일함).

21) 정구태, 앞의 논문, 692면과 서순택, "재산분할의 본질과 재산분할청구권의 상속성", 외법논집 제38권 제4호, 한국외국어대학교 법학연구소(2014/11), 157면 각주 44)는 재산분할청구권이 행사상 일신전속권일 뿐 귀속상 일신전속권은 아니라는 점을 명시하고 있다.

22) 대법원 1994.10.28. 선고 94므246, 94므253 판결.

나. 일반적 견해에 대한 비판

우리 민법상 일신전속권이라는 표현이 등장하는 조문은 제389조 제2항, 제404조 제1항, 제1005조 등이다. 이 중 제404조 제1항은 "채권자는 자기의 채권을 보전하기 위하여 채무자의 권리를 행사할 수 있다. 그러나 일신에 전속한 권리는 그러하지 아니하다"고 규정하고 있는데, 여기서 말하는 일신전속권이 바로 행사상 일신전속권이다. 그리고 제1005조는 "상속인은 상속개시된 때로부터 피상속인의 재산에 관한 포괄적 권리의무를 승계한다. 그러나 피상속인의 일신에 전속한 것은 그러하지 아니하다"고 규정하고 있는데, 여기서 말하는 일신전속권은 귀속상 일신전속권이다. 그런데 민법은 구체적으로 어떠한 권리가 일신전속권인지를 특정하고 있지 않으며, 일신전속권과 비전속권을 구별하는 기준조차 정해 놓고 있지 않다. 나아가 어떤 권리가 일신전속권이라면 행사상 일신전속권인지 귀속상 일신전속권인지를 구별하는 기준도 없기는 마찬가지이다. 결국 어떤 권리의 일신전속성을 판단하는 것은 오로지 해석에 맡겨져 있는 상황이다.

생각건대 일신전속권인지 여부 그리고 행사상 일신전속권인지

---

23) 대법원 1990.7.27. 선고 89므1191 판결: "호주상속회복청구권은 상속권이 침해된 상속인의 일신에 전속되는 권리로서 그의 사망으로 당연히 소멸하고 그 상속인의 상속인이 이를 상속하는 것은 아니라고 할 것이고, 또한 인사소송법 제54조 제1항, 제55조, 제28조가 상속무효원인을 시정하는 일반적인 소송형태인 상속무효의 소에 관하여는 소송수계를 인정하면서도 그 특별한 소송형태인 상속회복의 소에 관하여는 민법 제982조가 상속인과 그 법정대리인을 청구권자로 규정하고 있을 뿐 소송수계에 관하여는 아무런 규정을 두고 있지 아니함에 비추어 볼 때, 호주상속회복의 소의 소송 중에 청구인이 사망한 경우 그의 상속인은 자기 고유의 상속권이 침해되었음을 이유로 별도의 소송을 제기할 수 있는 것은 별론으로 하고 사망한 청구인이 제기한 소송절차를 수계할 수는 없다."

귀속상 일신전속권인지 여부의 판단은 해당 권리에 대한 대위행사, 양도, 상속 등을 허용함으로 인해 발생하는 결과에 대한 정책적 고려 내지 입법목적에 대한 고려를 통해 이루어지는 것이라고 본다.[24] 이러한 고려의 결과 어떤 권리를 제3자에게 행사시키는 것이 적합하지 않다고 판단되면 그로 인해 그 권리는 행사상 일신전속권이 되는 것이고, 양도나 상속을 허용하는 것이 적합하지 않다고 판단되면 그로 인해 귀속상 일신전속권이라고 분류되는 것이다. 즉 어떤 권리가 본질적으로 일신전속권이기 때문에 그 결과로서 제3자에 의한 행사나 양도 및 상속이 당연히 불가능하다고 판단되는 것이 아니다. 해당 권리를 인정하는 입법취지에 대한 고려와 목적론적 해석을 통해서 구체적인 사안별로 검토해 본 결과 해당 권리에 대해서는 대위행사, 양도, 상속 등을 인정하는 것이 부적절하다고 판단될 수 있고, 이와 같이 판단된 권리는 사후적으로 행사상 또는 귀속상 일신전속권이라고 분류되는 것이다. 즉 어떤 권리의 일신전속성은 해당 권리의 본질적 속성이거나 논리필연적인 것이 아니라 구체적인 상황과 사안에 따라 사후적으로 판단되는 것이다. 이러한 점에서 "어느 권리를 그 주체와의 긴밀도라는 기준에 의하여 행사상 또는 귀속상 일신전속권이라고 선험적으로 전제하고 나서 제3자에 의한 행사가능성이나 상속 및 양도가능성을 배척해야 한다는 사고를 고정시킴으로써 그에 대한 논의의 진척을 단절시키는 것은 타당하지 않다."는 견해[25] 또는 "부양청구

---

24) "상속성 유무는 상속의 유무에 의하여 발생하는 실제상의 결과에 대한 정책적 고려와 개념구성상의 우열에 의하여 결정할 수밖에 없을 것"이라는 견해도 유사한 입장으로 보인다. 황경웅, "재산분할청구권의 상속성", 중앙법학 제9집 제2호, 중앙법학회(2007/8), 506면; 中川善之助/泉久雄 編集, 『新版注釋民法(26) 相續(1)』, 有斐閣(平成 4年), 63면.

25) 서순택, 앞의 논문, 159면.

권이 본질에 있어 행사상 일신전속권이기 때문에 채권자대위권의 대상이 될 수 없는 것이 아니라, 목적론적 해석상 채권자대위권의 대상이 될 수 없기 때문에 행사상 일신전속권으로 분류되어야 하는 것"이라는 견해26)에 찬성한다.

재산분할청구권은 행사상 일신전속권이지만 귀속상 일신전속권은 아니라는 통설의 논리대로라면 재산분할청구권은 제3자에 의한 대위행사는 허용되지 않지만, 양도나 상속은 가능하다고 보아야 한다. 그러나 재산분할청구권이라는 이유만으로 그 성질을 이처럼 언제나 일률적으로 고정시켜서 권리행사 여부를 결정할 수는 없다. 물론 재산분할청구권은 단순히 재산적 이익만을 추구하는 권리라기보다는 남편과 아내의 전인격적 관계를 고려하여 행사여부를 결정하는 것이 바람직하기 때문에 행사상 일신전속성을 가지고 있다는 점은 부인할 수 없다. 또한 이혼이 확정되어 재산분할청구권이 완전한 재산권으로 성립된 이상 반드시 이를 재산분할청구권자에게만 귀속시켜야 하는 귀속상 일신전속권이라고 하기 어려운 점이 있는 것도 사실이다. 그렇지만 모든 상황에서 언제나 재산분할청구권의 일신전속성을 이와 같이 단정하여 그에 따라 일률적으로 결론을 내려서는 안 된다는 생각이다. 이하에서는 재산분할청구권의 양도성과 상속성을 어떻게 파악하는 것이 바람직한지에 관하여 살펴보고자 한다. 논의의 순서는 우선 상속성에 관하여 살펴보고 난 후 양도성에 관하여 살펴볼 것이다. 그 이유는 재산분할청구권의 귀속상 일신전속성에 관한 논의가 주로 상속성 인정여부와 관련하여 전개되어 왔기 때문이다.

---

26) 김형석, "양육비청구권을 자동채권으로 하는 상계 — 부양청구권의 법적 성질과 관련하여", 가족법연구 제21권 제3호, 한국가족법학회(2007), 253-254면.

4. 재산분할청구권의 상속성

가. 학 설

재산분할청구권의 상속성 인정여부와 관련해서는 양적 범위의 문제와 시적 범위의 문제로 나뉘어 논의가 전개되어 왔다. 양적 범위의 문제는 재산분할청구권의 청산적 요소만 상속되는지 아니면 부양적 요소까지 상속되는지의 논의이다. 재산분할청구권의 성질에 관하여 청산 및 부양설을 취하는 견해에서는 재산분할청구권의 상속성을 인정하면서도 청산적 요소만 상속되고 부양적 요소는 상속되지 않는다고 보는 것이 통설이다.[27] 재산분할청구권에 부양적 요소가 포함되어 있더라도 그 요소만을 청산적 요소와 분리하는 것은 현실적으로 곤란하고 단지 법원의 분할액 산정이라는 재량행위에 고려되는 요소에 불과하다.[28] 실제 가사재판에서도 재산분할을 결정함에 있어서 청산적 요소와 부양적 요소를 구분하여 판단하고 있지 않다.

재산분할청구권의 상속성에 관한 시적 범위의 문제는 재산분할청구권의 승계가능시점에 관한 논의이며, 실제 사건에서 의미를 가지는 것은 바로 이 시적 범위의 문제이다. 그리고 재산분할청구권은 이혼을 전제로 하므로 상속성에 관한 논의 역시 일단 이혼이 성립하여 재산분할청구권이 발생한 이후에만 문제가 된다. 그래서 이혼소송과 재산분할청구가 병합된 경우에 배우자 일방이 사망하

---

27) 김주수/김상용, 앞의 책, 263면; 신영호/김상훈, 앞의 책, 147면; 곽윤직, 『상속법』, 박영사(1997), 144면; 송덕수, 『친족상속법』 제3판, 박영사(2017), 116면 등.

28) 박순성, "채무의 상속", 『민사판례연구(XXV)』, 박영사(2003), 675면; 김홍엽, "이혼소송 및 재산분할청구의 계속중 당사자일방의 사망과 소송상 처리", 대법원판례해설 제22호, 법원도서관(1994/10), 250면.

면 이혼의 성립을 전제로 하여 이혼소송에 부대한 재산분할청구
역시 이를 유지할 이익이 상실되어 이혼소송의 종료와 동시에 종
료된다.[29]

(1) 이혼성립시설

이혼이 일단 성립하였다면 설사 재산분할권리자가 분할협의나
분할청구 등 권리행사를 하기 전에 사망하였더라도 상속이 가능하
다는 견해이다. 이 견해를 취하는 입장도 그 근거가 모두 일치하지
는 않는다. 대표적으로는 재산분할청구권의 상속성은 귀속상 일신
전속성의 문제로서 이혼이 성립되어 완전한 재산권으로 성립된 이
상 권리자가 이를 생전에 행사하였는지 여부와 관계없이 상속성은
인정되어야 한다는 견해가 있다.[30] 그리고 재산분할청구권이 재
판 등에 의해 형성되기 전이라도 청구권이 상속된다고 보는 경향
이 강한 점에 비추어 당사자가 사망하기 전에 청구의 의사를 표시
하였는지 여부에 관계없이 상속이 가능하다는 견해도 이와 같은
입장이라고 볼 수 있다.[31] 한편 재산분할청구권은 약혼해제로 인
한 위자료청구권의 승계가능성을 규정한 민법 제806조 제3항을
준용하는 규정이 없고, 재산분할청구권의 제척기간이 2년으로 단
기인 점을 근거로 드는 견해도 있다.[32]

(2) 권리행사시설

이혼이 성립하고 분할협의나 분할청구 등 권리행사를 한 후에

---

29) 대법원 1994.10.28. 선고 94므246, 94므253 판결.
30) 정구태, 앞의 논문, 692-694면.
31) 박순성, 앞의 논문, 676면.
32) 황경웅, 앞의 논문, 507면.

재산분할권리자가 사망한 경우 상속이 가능하다는 견해이다.[33) 우리나라의 다수설이라고 할 수 있다. 재산분할청구권의 행사여부는 당사자의 결정에 맡기는 것이 타당한 측면이 있으므로 민법 제806조 제3항을 유추하여 분할협의가 있거나 분할청구 등 당사자의 의사가 분명해진 경우에 한하여 상속을 인정하는 것이 타당하다고 한다.[34) 재산분할청구권에 관하여 제806조 제3항을 유추적용하는 이유 내지 근거에 관하여는, 재산분할청구권도 위자료청구권과 마찬가지로 이혼을 전제로 하는 재산권으로서의 성격을 가지고 있고 부부의 일방이 자녀를 상대로 재산분할청구를 하거나 또는 그 반대의 경우에 윤리적으로 용납되기 어려운 점은 위자료청구권의 경우에도 마찬가지인데도 불구하고 위자료청구권에 대해서만 배상에 관한 합의나 소제기의 요건이 있으면 상속성을 인정하는 것은 형평에 반하므로 민법 제806조 제3항 단서를 재산분할에 준용하는 것이 옳다고 한다.[35)

(3) 권리의무구분설

재산분할의무에 관해서는 이혼성립시설을 취하고 재산분할청구권에 관해서는 권리행사시설을 취하는 견해이다. 즉 재산분할의무는 권리자의 청구 여부와 상관없이 당연히 상속되지만, 재산분할청구권은 행사상 일신전속권이라는 이유로 청구의 의사표시가 외

---

33) 윤진수/이동진, 앞의 책, 427면; 윤진수, 앞의 책, 105면, 427면; 김주수/김상용, 앞의 책, 263면; 신영호/김상훈, 앞의 책, 147면; 송덕수, 앞의 책, 116면; 양형우, 앞의 책, 1688면; 이경희, 『가족법』 9정판, 법원사(2017), 144면; 지원림, 『민법강의』 제15판, 홍문사(2017), 1899면; 김동하, "혼인의 해소에 따른 재산분할", 재판실무 제1집, 창원지방법원(1999), 271면 등.
34) 윤진수/이동진, 앞의 책, 427면; 윤진수, 앞의 책, 105면.
35) 김동하, 앞의 논문, 271면.

부에 객관적으로 나타난 경우(분할청구의 의사표시를 하거나 분할청구소송을 제기한 경우)에만 상속이 가능하다고 한다.[36]

(4) 확정시설(부정설)

재산분할에 관한 당사자 간의 협의나 가정법원의 심판에 의해 구체적인 분할액이 확정된 후에 재산분할권리자가 사망한 경우 상속이 가능하다는 견해이다. 그리고 재산분할청구권의 상속을 부정하는 견해도 결국은 확정되기 전에 부정한다는 취지일 뿐 확정되고 나면 그 확정된 권리의 상속성은 당연히 인정한다. 따라서 재산분할청구권이 일정한 금원 또는 재물의 급부청구권으로 인정될 때에는 구체적인 채권으로 변하여 상속성이 인정된다는 견해도 같은 입장으로 볼 수 있다.[37] 결국 부정설과 확정시설은 실질적으로 같은 견해라고 할 수 있다. 그 논거로는, "재산분할의 심판은 부부 중 일방이 다른 일방을 상대로 하여 청구하여야 한다."는 가사소송규칙 제96조의 규정은 상속성이 없음을 전제로 하는 것이고, 재산분할청구만을 이혼 후 따로 청구한 경우에도 처가 자신의 자녀를 상대로 재산분할청구를 하는 것은 윤리적으로 용납되기 어렵다는 점을 들고 있다.[38] 위 규칙에 의하면 재산분할청구권의 당사자를 한정하고 있으므로 재산분할청구권의 상속성을 부정하거나 적어도 절차상으로 상속인은 당사자에서 배제하는 취지라는 주장도 있다.[39]

---

36) 박동섭, 앞의 책, 209면 및 545면.

37) 김삼화, "재산분할청구권", 인권과 정의 제180호, 대한변호사협회(1991/8), 27-28면.

38) 이상훈, "이혼에 따른 재산분할청구 사건의 재판실무상 문제점에 대한 고찰", 법조 제42권 제6호, 법조협회(1993/6), 91-92면.

39) 민유숙, "재산분할의 구체적 인정범위", 『가정법원사건의 제 문제(재판자

나. 판 례

대법원은, 사실혼 관계의 아내가 남편을 상대로 사실혼 관계의 해소를 주장하며 재산분할청구를 한 후 남편이 사망한 사건에서 남편의 상속인들인 자녀들의 소송수계를 허용하였다.[40] 이는 재산분할의무의 상속성을 인정한 것으로 볼 수 있다. 앞에서 설명한 것처럼, 소송수계를 허용한다는 것은 상속성을 인정하는 것이기 때문이다. 이 판례의 취지대로라면 재산분할심판 소송계속 중에는 당연히 상속성이 인정되지만, 이혼성립 후 권리행사 전에 재산분할권리자가 사망한 경우 상속이 가능하다고 보는지 여부는 불분명하다.

위에서 언급한 대부분의 학설은 주로 권리자 측의 승계만을 문제삼고 있으나, 의무자 측의 승계를 문제 삼아 이는 제한 없이 인정된다는 견해(권리의무구분설)가 있고 그에 따른 하급심 심판례도 존재한다. 즉 서울가정법원 2010.7.13.자 2009느합289 심판은, "이혼확정 후 어느 일방이 사망하였더라도 다른 일방은 사망한 자의 상속인들을 상대로 재산분할을 청구할 수 있다고 봄이 상당하고, 이와 반대의 경우 즉 사망한 일방의 상속인들은 피상속인이 재산분할청구권을 행사하지 않은 채 사망하였다면, 상속인들은 피상속인의 재산분할청구권을 행사할 수 없다고 봄이 타당하다."고 판시하

료 제62집)』, 법원행정처(1993), 450면.

40) 대법원 2009.2.9.자 2008스105 결정: "청구인이 사실혼관계의 해소를 주장하며 이 사건 재산분할심판청구를 함으로써 청구인과 망인의 사실혼관계는 청구인의 일방의 의사에 의하여 해소되었고 공동생활의 사실도 없게 되었다고 봄이 상당하다. 따라서 사실혼관계의 해소에 따라 청구인에게 재산분할청구권이 인정된다고 할 것이다. 그렇게 보면 이 사건 재산분할심판청구 이후 일방 당사자인 망인이 사망하였으므로 그 상속인들에 의한 수계를 허용함이 상당하다."

였다.41)

참고로 일본 나고야고등재판소에서는 재산분할청구권의 발생시기에 관해 이원설을 취하는 입장에서 이미 분할청구의 의사가 표시된 후의 재산분할청구권은 일반 금전채권과 동일하게 상속될 수 있는 권리라고 보았다.42) 권리행사시설과 유사한 입장으로 보인다.

다. 검 토

재산분할청구권의 행사여부는 당사자의 결정에 맡기는 것이 타당한 측면이 있으므로 민법 제806조 제3항을 유추적용하자는 권리행사시설은 귀속상 일신전속권과 행사상 일신전속권을 혼동하였다는 문제가 있다. 행사여부를 당사자의 결정에 맡기는 것이 타당한지의 문제는 행사상 일신전속권의 논의이다. 양도나 상속이

---

41) 그 이유에 관하여는, "재산분할청구권은 순수한 재산상의 청구권과 달리 반드시 그 당사자에 의하여 청구되어야 하고 타인이 일방을 대신하여 또는 대위하여 청구할 수 없는 것이라는 의미에서의 행사상의 일신전속권으로 봄이 상당한데, 이 점은 신분상의 권리이기 때문이 아니라, 비록 형성 이후에는 신분적 요소가 대부분 탈락하지만 혼인관계에서 근거를 둔 권리라는 점에서 당사자의 의사가 절대적으로 존중되어야 한다는 점 때문에 그러하다. 이러한 점들을 고려하면, 재산분할청구권 및 상대방에게 재산을 분할해 주어야 할 채무의 상속성은 인정되나, 피상속인이 행사하지 않았다면 그 상속인들이 행사할 수는 없다. 다만, 행사상의 일신전속권이라 하더라도, 그 전속권으로서의 성질은 행사를 하는 면, 즉 능동적으로 행사하는 면에 국한되어야 하고, 상대방으로부터 재산분할청구를 당하는 면, 즉 수동적인 면에까지 위와 같은 성격을 확장할 수는 없다. 이는 상대방으로부터 재산분할청구권 행사를 당하는 것까지도 행사라고 할 수 없기 때문이며 이와 동시에 피상속인의 사망이라는 우연한 결과 때문에 상대방의 재산분할청구권 행사가 방해되어서는 안 되기 때문"이라고 한다(서울가정법원 2010.7.13.자 2009느합289 심판).

42) 名古屋高等裁判所 昭和 26年 1月 31日 判決.

허용되는지와 같은 귀속상 일신전속권의 문제에서 당사자의 권리행사 여부라는 것은 의미를 가질 수 없다. 다만 재산분할청구권이 행사상 일신전속권이라는 관점에서는, 재산분할권리자가 재산분할청구를 할 것인지 여부에 대해 자신의 뜻을 분명히 하지 아니한 채 사망한 경우, 행사할 뜻이 있었다고 볼 것인지 없었다고 볼 것인지 문제가 될 수는 있다. 그러나 부부관계가 파탄이 나서 이혼을 한 경우에 이혼 당사자가 실질적 공동재산을 청산하고 이혼 후 생계를 유지하고자 할 것이라는 점은 명백한 반증이 없는 한 추정된다고 볼 수 있다. 따라서 재산분할권리자가 권리행사를 하기 전에 사망한 경우에 상속인으로 하여금 재산분할청구권을 승계하도록 하는 것은 재산분할권리자의 의사에 반하는 것도 아니고 재산분할청구권의 행사의 자유를 침해하는 것도 아니라고 보아야 한다. 그러므로 재산분할권리자가 스스로 권리행사를 한 후에만 상속이 허용된다는 권리행사시설은 타당하지 않다.

　권리의무구분설은, 동전의 양면과 같은 재산분할청구권과 재산분할의무를 달리 볼 아무런 근거가 없다는 비판을 면하기 어렵다. 그리고 재산분할청구권이 행사상 일신전속권이라는 이유로 청구의 의사표시가 외부에 객관적으로 나타난 경우에만 상속이 가능하다는 권리의무구분설의 주장은, 행사상 일신전속권과 귀속상 일신전속권을 혼동한 것으로서 부당하다. 재산분할의무의 상속성을 인정한다면 재산분할청구권의 상속성도 인정해야 한다. 예컨대 이혼한 딸이 자녀가 없는 상태에서 전남편을 상대로 재산분할청구를 하기 전에 사망한 경우 직계존속의 청구를 허용할 필요가 있다.

　한편 부정설이 근거로 들고 있는 가사소송규칙 제96조("재산분할의 심판은 부부 중 일방이 다른 일방을 상대로 하여 청구하여야 한다.")는 당사자인 부부가 사망하지 않고 살아 있을 것을 전제로 한 것일 뿐[43] 이 규정이 재산분할청구권의 상속성을 부정한 논거가 될 수는 없다. 재산분할의 당사자는 부부이므로 재산분할심판은 부부 중 일방이 다른 일방을 상대로 청구해야 한다는 당연한 절차적 내용을 규정한 것일 뿐이다.[44] 부정설의 논리대로라면 채무불이행으로 인한 손해배상청구권은 채권자의 상속인이 이를 상속할 수 없다고 해야 한다. 왜냐하면 "채무자가 채무의 내용에 좇은 이행을 하지 아니한 때에는 채권자는 손해배상을 청구할 수 있다."는 민법 제390조에 의하면 채권자가 손해배상을 청구해야 하는 것으로 되어 있기 때문이다. 그러나 이러한 해석의 부당함은 다언을 요하지 않는다. 또한 부정설에서는 처가 자신의 자녀를 상대로 재산분할청구를 하는 것은 윤리적으로 용납되기 어렵다고 하지만 이는 윤리적인 문제와 법적 문제를 혼동한 것이어서 수긍하기 어렵다. 그리고 부부 사이에 자녀가 없는 경우에는 상대 배우자의 직계존속이나 형제자매를 상대로 재산분할청구를 하거나 반대로 재산분할권리자의 직계존속이나 형제자매가 재산분할청구를 하게 될 터인데 이러한 경우가 윤리적으로 받아들이기 어려운 것으로 보이지는 않는다.

　재산분할청구권은 이혼이 성립하면 그 즉시 권리가 발생하는 것이고, 이혼이 일단 성립함으로써 권리가 발생하였다면 설사 재산분할권리자가 분할협의나 분할청구 등 권리행사를 하기 전에 사망하였더라도 상속이 가능하다고 보아야 한다. 이러한 논리적인 측면뿐 아니라 현실적인 측면에서도 이혼성립시설이 타당하다. 왜냐

---

43) 같은 견해로는, 김홍엽, 앞의 논문, 250면.

44) 실체법이 규정하고 있는 특정 권리의 성격을 동 권리의 행사방법을 정하는 절차법의 규정으로부터 규명하는 것은 곤란하다는 비판으로는, 서순택, 앞의 논문, 161면.

하면 이혼이 확정되었지만 재산분할청구를 하기 전에 사망한 경우
그 상속성을 인정하지 않으면 사망한 권리자의 상속인은 피상속인
의 사망이라는 우연한 사정으로 인해 부양에 필요한 재산을 받을
수 없게 되기 때문이다. 그 상속인이 재산분할의무자와의 사이에
서 낳은 자식이 아니라 전 배우자와의 사이에서 낳은 자식인 경우
또는 자식이 없어서 직계존속이 상속인이 되는 경우를 생각해보면
이혼성립시설의 타당성이 더욱 부각된다.[45] 재산분할제도의 주된
목적은 부부가 혼인 중에 취득한 실질적인 공동재산을 청산·분배
하기 위한 것이고, 부수적 목적은 이혼 후 부양을 위한 것이다.[46]
재산분할청구권의 상속을 허용하는 것은 실질적 공동재산의 청산
이라는 목적에 부합하고, 그 분할받은 재산으로 재산분할권리자의
자녀나 부모를 부양한다는 측면에서 넓게는 이혼 후 부양이라는
목적에도 부합한다. 이처럼 재산분할청구권의 상속성을 허용하더
라도 재산분할제도를 마련한 정책적 목적 내지 입법취지에 반하지
않으며, 재산분할권리자로부터 그의 행사의 자유를 빼앗는다고 볼
수도 없다. 따라서 재산분할청구권은 상속의 측면에서 귀속상 일
신전속권이 아니다.

그리하여 만약 배우자 일방이 재산분할심판을 청구하여 재판을
진행하던 도중에 사망한 경우에는 상속인의 소송수계를 허용해야
한다. 비록 가사소송법이 가사비송에 관해서는 소송승계에 관한
규정을 두고 있지 않지만,[47] ① 재산분할청구권의 재산권적 성격

---

45) 같은 견해로는, 황경웅, 앞의 논문, 506면.
46) 신영호/김상훈, 앞의 책, 140면; 대법원 1993.5.11.자 93스6 결정.
47) 가사소송법 제16조 제1항은, "가류 또는 나류 가사소송사건의 원고가 사망
    이나 그 밖의 사유(소송 능력을 상실한 경우는 제외한다)로 소송 절차를 계
    속하여 진행할 수 없게 된 때에는 다른 제소권자가 소송 절차를 승계할 수
    있다."고 규정하여 재산분할심판과 같은 가사비송에 대해서는 언급을 하고

이 강한 점,[48] ② 소송과 비송의 구분이 반드시 명확하지 않고 우리 가사소송법은 비송사건으로서의 성격이 완화되어 있는 점,[49] ③ 가사비송에 대해서는 비송사건절차법 제1편을 준용하고(가사소송법 제34조) 비송사건에 관하여는 기본적으로 민사소송법을 준용(비송사건절차법 제10조)하므로[50] 재산분할심판절차에서도 민사소송법의 소송승계 규정을 준용할 수 있다고 볼 수 있는 점, ④ 대법원도 재산분할심판청구 이후 일방 당사자가 사망한 경우 그 상속인들에 의한 수계를 허용한 점[51] 등에 비추어 볼 때, 민사소송법의 일반원칙에 따라 재산분할심판절차에서도 소송승계가 가능하다고 본다.

5. 재산분할청구권의 양도성

가. 학 설

재산분할청구권의 상속성에 관한 논의에 비해서 양도성에 관한 논의는 별로 활발하지가 못하다. 그마저도 재산분할청구권의 상속

있지 않다.

48) 서순택, 앞의 논문, 161면.

49) 서순택, 앞의 논문, 161면; 민유숙, "가사비송절차의 문제점과 개선방향", 가족법연구 제18권 제2호, 한국가족법학회(2004/7), 339면.

50) 비송사건절차법의 규정상으로는 기일, 기간, 소명방법, 인증, 감정에 관한 민사소송법의 규정을 준용하는 것으로 되어 있어서 소송승계에 관한 규정도 준용되는지 분명하지는 않으나, 신청사건의 신청인이나 상대방이 절차 진행 중에 사망한 경우에는 당해 사건에서 신청인이 추구하는 권리가 상속의 대상인 경우에는 상속인이 승계할 수 있는 것으로 해석한다[법원행정처, 『법원실무제요 비송』, 법원행정처(2014), 29면]. 즉 실체법상으로 상속이 가능한 권리는 절차법상으로 소송수계가 가능하다고 보는 것이다.

51) 대법원 2009.2.9.자 2008스105 결정.

성에 관한 논의에 부연하여 간단히 언급하고 있을 뿐이다. 현재로 서는 두 가지 견해가 발견되는데, 첫째, 재산분할청구권의 행사가 외부로 표출(재산분할에 관한 협의가 있거나 재산분할의 심판청구 또는 소제기가 이루어진 경우)된 이후에는 구체적 재산권으로서 양도나 상속성을 가진다는 견해이다.[52] 이는 재산분할청구권의 상속성에 관한 권리행사시설과 같은 견해라고 볼 수 있다. 둘째, 재산분할청 구권의 일신전속적 성격에 근거하여 재산분할이 구체화되기 전에 는 양도할 수 없다는 견해이다.[53] 이는 재산분할청구권의 상속성 에 관한 확정시설(부정설)과 같은 견해라고 볼 수 있다.

나. 판 례

재산분할청구권을 양도하는 사례가 거의 없어서인지 종래 이에 관한 판례가 없다가 당해 사건에서, 대법원은 재산분할청구권의 발생시기에 관한 이원설에 근거하여 재산분할에 관한 당사자 간의 협의나 가정법원의 심판에 의해 구체적인 분할액이 확정된 후에야 비로소 양도가 가능하다고 보았다. 이는 결국 이혼성립만으로는 재산분할청구권이 양도될 수 없다고 보는 것이다.

다. 검 토

협의 또는 심판에 의하여 구체적 내용이 형성되기 전까지는 범 위 및 내용이 불명확·불확정하기 때문에 구체적으로 권리가 발생 하였다고 할 수 없다는 이유로 양도성을 부정하는 판례의 논리에 는 찬성할 수 없다. 이처럼 아직 구체적 권리가 발생하지 않았다는 이유로 양도성을 부정한다면 같은 논리로 상속성 역시 부정해야

---

52) 김동하, 앞의 논문, 271면.
53) 배경숙/최금숙, 『신친족상속법강의: 가족재산법』, 제일법규(2004), 185면.

옳을 것이다. 그렇지만 대법원 2009.2.9.자 2008스105 결정은 위에서 본 바와 같이 재산분할심판 계속 중 재산분할의무의 상속성은 인정하고 있다.

　재산분할청구권이 협의 또는 심판에 의하여 그 구체적 내용이 형성되지 않았다는 이유로 양도가 허용되지 않는다는 논리는 그 자체로도 부당하고 채권의 양도에 관한 기존의 판례와도 배치된다. 채권의 효력 발생 또는 소멸이 장래의 불확실한 사실인 조건의 성취 여부에 의존하고 있는 장래 채권[54]이라도 양도 당시 기본적 채권관계가 어느 정도 확정되어 있어 그 권리의 특정이 가능하고 가까운 장래에 발생할 것임이 상당 정도 기대되는 경우에는 이를 양도할 수 있다.[55] 재산분할청구권의 경우에는 이혼이 성립된 이상 이미 권리가 현재 발생한 상태이므로 장래 채권의 경우보다도 더욱 양도가 가능하다고 볼 수 있다.[56] 따라서 판례의 논리에는 찬성할 수 없지만,[57] 구체적인 재산분할액이 확정된 후에야 비로소

---

54) 이것은 이미 채권으로 성립하여 있는 조건부 채권과는 개념적으로 구분된다. 양창수/권영준, 앞의 책, 167면 각주 4).

55) 대법원 1996.7.30. 선고 95다7932 판결; 대법원 2010.4.8. 선고 2009다96069 판결 등.

56) 임채웅, 앞의 논문, 491면.

57) 김명숙, "2017년 가족법 중요 판례", 인권과 정의 제742호, 대한변호사협회 (2018/3), 116면은, "민사상 채권양도는 장래 채권의 양도가 가능하고, 사회 통념상 양도 목적 채권을 다른 채권과 구별하여 그 동일성을 인식할 수 있을 정도이면 그 채권은 특정된 것으로 보아야 할 것이고, 채권양도 당시 양도 목적 채권의 채권액이 확정되어 있지 아니하였다 하더라도 채무의 이행기까지 이를 확정할 수 있는 기준이 설정되어 있다면 그 채권의 양도는 유효한 것으로 보아야 한다고 하는 것과 비교할 때, [대상판결이] 재산분할청구권에 대하여는 일반적인 재산권과 다르게 구체적인 지급청구권이라는 개념을 사용한 법리 구성을 통하여 재산권 행사를 제한하고 있다."고 평가한다.

양도가 가능하다는 결론에는 찬성한다. 그 이유는 다음과 같다.

재산분할청구권을 행사상 일신전속권일 뿐 귀속상 일신전속권은 아니라고 보는 통설적 견해에 따른다면, 판례가 재산분할청구권의 상속성은 인정하면서 양도성은 부정하는 것은 매우 비논리적이고 비판받아야 마땅한 일이다. 귀속상 일신전속권이 아니라면 상속성뿐 아니라 양도성도 당연히 인정되어야 하기 때문이다. 그러나 일신전속권에 관한 앞에서의 결론에 따른다면, 양도와 상속을 반드시 동일선상에서 판단해야 하는 필연적인 이유는 없다. 해당 권리를 인정하는 정책적 목적 내지 입법취지를 고려해 볼 때 그 권리의 상속성을 인정할 수 있다 하더라도 반드시 양도성까지 함께 인정해야 하는 것은 아니다. 이런 경우 해당 권리는 상속에 있어서는 귀속상 일신전속권은 아니지만 양도에 있어서는 귀속상 일신전속권이라고 볼 수 있을 것이다.

재산분할청구권은 어디까지나 부부에 국한되는 문제이다. 그래서 재산분할에 관하여 협의가 되지 않을 때에는 민사법원이 아닌 가정법원으로 하여금 액수와 방법을 정하도록 하고 있고(민법 제839조의2 제2항), 재산분할에 관한 처분을 가정법원의 전속관할로 하고 있는 것이다[가사소송법 제2조 제1항 제2호 나목 4)]. 부부의 문제에 부부와 무관한 제3자가 개입하는 것은 바람직하지 않다. 이런 이유로 재산분할청구권을 제3자가 대위행사하는 것을 허용하지 않는 것이고, 그래서 재산분할청구권은 행사상 일신전속권으로서의 성질을 가진다고 보는 것이다. 그런데 재산분할권리자가 사망한 경우 그의 상속인은 통상 자녀가 아니면 부모이다. 이들은 일반적으로 재산분할권리자로부터 부양을 받게 될 지위에 있다. 이런 점에서 부부 중 일방이 재산분할청구권을 행사하기 이전에 사망한 경우 그의 상속인으로 하여금 재산분할청구권을 행사할 수

있도록 하는 것은 재산분할권리자의 의사에도 부합하고 부부와 무
관한 제3자가 관여하는 것이라고 보기도 어렵다. 따라서 이들이
재산분할청구권을 상속하여 행사하는 것을 금지할 이유는 없다고
본다.[58] 그러나 이혼이 성립한 후 아직 재산분할청구권을 행사하
기 이전에 재산분할청구권을 제3자에게 양도하게 되면 그 제3자가
가정법원에 재산분할심판을 청구해야 하고 결국 부부의 문제를 부
부와 무관한 제3자가 주도하여 소송을 수행하게 되는 심각한 문제
가 생긴다.[59] 이것은 이혼이 성립한 후 배우자 일방이 재산분할심
판을 청구한 이후에 아직 심판이 확정되기 전에 재산분할청구권을
양도한 경우에도 유사한 문제가 발생한다. 이러한 경우에는 결국
양수인이 배우자 일방의 소송을 수계하여 재판을 진행해야 하는
데, 이는 부부의 문제에 부부와 무관한 제3자가 주도적으로 관여
하는 불합리한 문제가 생긴다는 점에서 수긍하기 어렵다.[60]

그리고 상속의 경우에는 원래의 권리자인 배우자 일방이 사망하
여 스스로 권리를 행사할 수 없는 상태이므로 상속인에 의한 권리
행사를 허용하더라도 무방하지만, 양도의 경우에는 권리자가 스스

---

58) 물론 재산분할권리자의 형제자매나 사촌이 상속인이 되는 경우에는 과연
　　이들이 재산분할청구권을 상속하여 그 권리를 행사하는 것이 재산분할권
　　리자의 의사에 부합하는 것인지에 관해 의문이 있을 수 있다. 이는 결국 재
　　산분할권리자의 의사 해석의 문제이다. 재산분할권리자가 생전에 반대 의
　　사를 표시하지 않았다면 이들이 재산분할청구권을 상속하여 행사하는 것
　　을 금지할 수는 없다고 본다.
59) 임채웅, 앞의 논문, 492-493면도 대상판결은 이혼을 원인으로 한 재산분할
　　청구권의 가족법적 요소에 따른 특별한 지위를 인정하였다고 봄이 상당하
　　다고 하면서, 이러한 해석론을 취하지 않고 오로지 불명확, 불확정함만을
　　이유로 드는 것은 결론을 정당화하기에 매우 취약하다고 한다.
60) 같은 취지로 권영준, "2017년 민법 판례 동향", 서울대학교 법학 제59권 제
　　1호, 서울대학교 법학연구소(2018/3), 532면.

로 권리를 행사할 수 있음에도 불구하고 제3자로 하여금 권리를 행사하도록 하는 것이므로 이를 허용하는 것은 재산분할청구권의 행사 주체를 이혼한 배우자로 제한한 민법 제839조의2[61]의 규정 취지에 반한다고 볼 수 있다. 행사상의 일신전속권은 본인과 법정 대리인만 행사할 수 있다. 이혼이 확정되어 재산분할청구권이 성립하였지만 부부 중 일방이 재산분할청구권을 행사하기 이전에 이 권리를 제3자에게 양도하여 양수인이 행사할 수 있다고 한다면 행사상의 일신전속성이 몰각될 우려도 있다. 따라서 재산분할청구권은 이혼한 당사자 본인이 행사해야 하고, 이를 양도함으로써 양수인으로 하여금 재산분할청구권을 행사하도록 하여서는 안 된다.

배우자 일방이 상대 배우자와 이혼을 한 후 아직 재산분할청구권을 행사하기 이전에 사망한 경우 자신의 상속인이 재산분할청구권을 승계하여 이 권리를 행사할 수 있도록 하는 것이 실질적 공동재산의 청산 및 이혼 후 부양이라는 재산분할제도의 입법목적에 부합한다는 것은 앞에서 설명한 대로이다. 그러나 재산분할청구권의 양도를 허용할 경우 실질적 공동재산의 청산이라는 목적은 달성될지 모르겠지만 이혼 후 부양이라는 목적에는 반하는 결과가 초래될 수 있다.[62] 따라서 재산분할청구권의 양도는 허용할 수 없

---

61) 민법 제839조의2: ① 협의상 이혼한 자의 일방은 다른 일방에 대하여 재산분할을 청구할 수 있다. ② 제1항의 재산분할에 관하여 협의가 되지 아니하거나 협의할 수 없는 때에는 가정법원은 당사자의 청구에 의하여 당사자 쌍방의 협력으로 이룩한 재산의 액수 기타 사정을 참작하여 분할의 액수와 방법을 정한다. ③ 제1항의 재산분할청구권은 이혼한 날부터 2년을 경과한 때에는 소멸한다.

62) 임채웅, 앞의 논문, 492면도 대상판결의 결론은 재산분할청구권의 법적 성격에 관하여 청산설보다는 청산 및 부양설을 취할 때 훨씬 더 자연스럽고 의미를 부여할 수 있다고 한다. 재산분할청구권의 확정 전에는 처분하지 못하게 함으로써 부양적 효과의 면에서 더 권리자를 보호하려는 취지가 담

으며, 결국 재산분할청구권은 양도의 측면에서 귀속상 일신전속성을 가진다고 볼 수 있다.[63]

양도의 경우에는 양수인이 양도인의 구체적인 재산 그 자체만을 특정적으로 승계하지만, 상속의 경우에는 상속인이 피상속인의 구체적인 재산을 승계한다기보다는 피상속인이 가지고 있던 재산법적 '지위'를 포괄적으로 승계한다는 점에서 양도와 상속은 근본적으로 다르다. 즉 양도가 물적, 특정적 승계라면 상속은 인적, 포괄적 승계라고 볼 수 있다. 이처럼 상속인이 피상속인의 지위를 그대로 물려받기 때문에 피상속인이 가지던 재산분할청구권이 상속인에게 이전되어 상속인이 그 권리를 행사하는 것에 큰 거부감이 없다. 이런 점에서도 재산분할청구권의 일신전속성을 논의할 때 양도와 상속을 달리 볼 수 있는 것이다.

6. 대상판결의 의의

협의 또는 심판에 의하여 구체적 내용이 형성되기 전까지는 범위 및 내용이 불명확·불확정하기 때문에 구체적으로 권리가 발생하였다고 할 수 없고, 이처럼 아직 구체적 내용이 형성되지 아니한

겨 있다는 것이다.

63) 권영준, 앞의 논문, 532-533면은 "재산분할청구권의 조기 양도 문제는 어떤 권리를 시장(market)에 상품(commodity)으로 내놓을 수 있는가 하는 문제와 맞닿아 있다"고 하면서, "재산분할청구권의 인적 속성에 대한 일반적 이해를 바탕으로 하면 재산분할청구권의 조기 양도를 선뜻 인정하기는 어렵다"고 한다. "재산분할청구권이 조기 양도되었으나 이혼이 성립하지 않은 경우 또는 재산분할의 구체적 내용이 당초 양도된 채권의 내용과 다른 경우에 혼란을 초래할 수도 있"으며, "재산분할청구권의 조기 양도가 이혼을 더욱 조장한다는 우려도 제기될 수 있다."는 것이다. 매우 흥미로운 분석이라 생각된다.

재산분할청구권을 미리 양도하는 것은 성질상 허용되지 않는다는 대상판결의 논리에는 찬성할 수 없다. 그러나 협의나 심판에 의해 그 내용과 범위가 확정되기 전의 재산분할청구권은 양도할 수 없다는 대상판결의 결론에는 찬성한다. 대상판결은 아직 협의나 심판에 의해 그 내용과 범위가 확정되기 전의 재산분할청구권을 양도할 수 있는지에 관한 최초의 대법원 판결이라는 점에서 그 의의가 매우 크다.

참고문헌

단행본

곽윤직,『상속법』, 박영사(1997).

곽윤직/김재형,『민법총칙』제9판, 박영사(2013).

곽윤직 편집대표,『민법주해[Ⅲ]』, 박영사(1992).

권영성,『헌법학원론』개정판, 법문사(2006).

김주수/김상용,『친족상속법』제14판, 법문사(2017).

김철수,『헌법학개론』신정18판, 박영사(2006).

박동섭,『친족상속법』제4판, 박영사(2013).

배경숙/최금숙,『신친족상속법강의: 가족재산법』, 제일법규(2004).

법원행정처,『법원실무제요 비송』, 법원행정처(2014).

송덕수,『친족상속법』제3판, 박영사(2017).

신영호/김상훈,『가족법강의』제3판, 세창출판사(2018).

양창수/권영준,『권리의 변동과 구제』제3판, 박영사(2017).

양형우,『민법의 세계: 이론과 판례』제10판, 피앤씨미디어(2018).

윤진수,『친족상속법강의』, 박영사(2016).

윤진수 편집대표,『주해친족법(제1권)』, 박영사(2015).

이경희,『가족법』9정판, 법원사(2017).

지원림,『민법강의』제15판, 홍문사(2017).

허영,『헌법이론과 헌법』신정11판, 박영사(2006).

奧田昌道 編集,『注釋民法(10) 債權(1)』, 有斐閣(昭和 62年).

中川善之助/泉久雄 編集,『新版注釋民法(26) 相續(1)』, 有斐閣(平成 4年).

논문

권영준, "2017년 민법 판례 동향", 서울대학교 법학 제59권 제1호, 서울
　　대학교 법학연구소(2018.3).

김동하, "혼인의 해소에 따른 재산분할", 재판실무 제1집, 창원지방법원
　　(1999).

김명숙, "2017년 가족법 중요 판례", 인권과 정의 제742호, 대한변호사협
　　회(2018.3).

김삼화, "재산분할청구권", 인권과 정의 제180호, 대한변호사협회(1991.
　　8).

김형석, "양육비청구권을 자동채권으로 하는 상계─부양청구권의 법적
　　성질과 관련하여", 가족법연구 제21권 제3호, 한국가족법학회(2007).

김홍엽, "이혼소송 및 재산분할청구의 계속중 당사자일방의 사망과 소송
　　상 처리", 대법원판례해설 제22호, 법원도서관(1994.10).

민유숙, "이혼시 재산분할청구권을 보전하기 위해 채권자대위권을 행사
　　할 수 있는지 여부", 『가족법 판례해설』, 세창출판사(2009).

민유숙, "재산분할의 구체적 인정범위", 『가정법원사건의 제 문제(재판
　　자료 제62집)』, 법원행정처(1993).

민유숙, "가사비송절차의 문제점과 개선방향", 가족법연구 제18권 제2
　　호, 한국가족법학회(2004.7).

박순성, "채무의 상속", 『민사판례연구(XXV)』, 박영사(2003).

서순택, "재산분할의 본질과 재산분할청구권의 상속성", 외법논집 제38
　　권 제4호, 한국외국어대학교 법학연구소(2014.11).

이상훈, "이혼에 따른 재산분할청구 사건의 재판실무상 문제점에 대한
　　고찰", 법조 제42권 제6호, 법조협회(1993.6).

임채웅, "이혼을 원인으로 한 재산분할청구채권의 확정 전 양도가능성에
　　관한 연구", 가족법연구 제31권 제3호, 한국가족법학회(2017.11).

장성원, "재산분할청구사건을 본안으로 하는 보전처분에 관하여", 『가정
　법원사건의 제 문제(재판자료 제62집)』, 법원도서관(1993).

정구태, "유류분반환청구권의 일신전속성", 홍익법학 제14권 제2호, 홍
　익대학교 법학연구소(2013.6).

황경웅, "재산분할청구권의 상속성", 중앙법학 제9집 제2호, 중앙법학회
　(2007.8).

가장이혼과 재산분할

—대법원 2017.9.12. 선고 2016두58901 판결—

박근웅*

Ⅰ. 사실관계

1. 원고 A는 1982.5.24. 망 B와 혼인신고를 하고 약 30년간 혼인 생활을 하여 왔다. 혼인 당시 B에게는 전처와 사이에서 낳은 자녀 5명(D, E, F, G, H; 이하 'D 등')이 있었고 A와 B 사이에는 자녀가 없었다.

2. B는 군의관으로 25년간 복무를 하다가 1976.12.26. 준장으로 예편하였고, 그 무렵부터 서울 서초구에서 병원을 운영하여 왔다. B는 2001년경부터 건강이 좋지 않았고, A는 2001.11.1.부터 2009. 12.31.까지 같은 병원 부원장으로 재직하면서 병원 운영에 관여하였다.

3. A는 2011.3.2. 서울가정법원에 당시 배우자 B를 상대로 이혼

---

* 연세대학교 법학연구원 전문연구원, 법학박사.

및 재산분할을 구하는 소를 제기하였다(2011드단16328). 위 소송에서 2011.4.15. A와 B는 이혼하되, B가 A에게 재산분할로 현금 10억 원을 지급하고 액면금 40억 원, 발행인 C, 발행일 2011.2.10. 지급기일 2011.5.11.로 된 약속어음 공정증서에 기한 약속어음금 청구채권을 양도하며, 쌍방 향후 별도의 위자료 청구는 하지 않기로 하는 내용의 조정이 성립되었다. B는 조정내용에 따라 원고에게 10억 원을 지급하였고, C에게 위 액면금 40억 원의 약속어음금 채권을 A에게 양도한다는 통지를 하였다.

4. A는 이혼 후에도 B의 사망 시까지 B와 함께 종전과 같은 주소지에서 동거하였고, B의 수발을 들면서 망인의 건강상태를 거의 매일 확인하여 수첩에 기재하였으며, B의 제반 법률행위를 대리하고 재산을 관리하였다.

5. B는 2011.11.3. 병원에서 위암 진단을 받았고 2011.12.1. 위암으로 사망하였다. A는 2012.2.16. 서울가정법원에 사실상혼인관계존부확인청구소송을 제기하였고(2012드단13111), 서울가정법원은 2012.8.9. A와 B 사이에 사실상혼인관계가 존재하였음을 확인한다는 내용의 판결을 선고하였으며, 2012.9.5. 위 판결이 확정되었다. 이에 기초해 A는 B의 사실혼 배우자임을 이유로 군인연금(유족연금) 청구를 하였고, 사실혼 관계를 증명하기 위해 위 가정법원 판결문을 제출하였으며, 군인연금(유족연금)을 지급받아 오고 있다.

6. B의 상속인들은 2012.6.30. A를 상속인에서 제외하고 A가 이미 수령한 10억 원의 현금과 양수받은 약속어음금채권 또한 상속재산에서 제외한 내용의 상속세 신고를 하였다.

7. 과세관청은 B의 상속세에 대하여 세무조사를 실시하였고, 위 세무조사결과에 따라 A가 B의 사망 직전 가장이혼을 하고 재산분

할 명목으로 재산을 사전증여받은 것으로 보고 2014.2.18. A에 대하여 2011년 귀속 증여세 3,679,180,360원을 부과하였다.

8. A는 2014.3.31. 조세심판원에 이 사건 처분의 취소를 구하는 심판청구를 하였으나 조세심판원은 2015.4.13. A의 심판청구를 기각하였고, A는 증여세부과처분을 취소할 것을 구하는 내용의 이 사건 소송을 제기하였다.

II. 사건의 경과

1. 1심법원의 판결[1]

원고 A의 증여세부과처분취소청구에 대하여 1심법원인 서울행정법원은 A의 청구를 기각하는 판결을 하였다. 이 사건에서 A는, 공갈 및 협박으로 반복적이고 집요하게 돈을 요구하는 B의 전처 소생 D 및 이를 방관하는 B와의 갈등에 따라 혼인생활이 파탄에 이르러 이혼하게 된 것으로 A와 B 사이에서는 진정한 이혼의사의 합치가 있었으므로 가장이혼이 아니라는 점을 주장하였다. 그러나 이에 대해 1심 법원은 A와 B 사이에 진정한 이혼의사의 합치가 있었다고 볼 수 없고 따라서 그 이혼은 가장이혼이라는 점을 전제로, 이혼에 따른 재산분할의 효력을 부인하고 재산분할 대상재산을 사전증여재산으로 본 이 사건 처분에 어떤 잘못이 있다고 할 수 없다고 하여 이러한 주장을 받아들이지 않았다. 구체적인 근거로는 다음과 같은 이유들을 들고 있다.

---

1) 서울행정법원 2016.2.18. 선고 2015구합62200 판결.

① A는 B와 이혼 후에도 이혼 전과 동일한 장소에서 B와 동거하면서 이혼 전과 동일하게 혼인생활의 실체를 유지하였으며, 게다가 A는 망인의 사망 이후 사실혼 배우자임을 스스로 주장하면서 군인연금(유족연금) 지급청구를 하였고 사실혼 관계를 증명하기 위해 사실혼관계존재확인의 소를 제기하기까지 하였다. 그런데 이혼 이후 A 스스로 사실혼 관계에 있음을 주장하며 유족연금을 청구하고 사실혼관계존재확인을 구하는 소송까지 제기하였다는 점은 그 이혼의사가 진정한 것이 아니었음을 강하게 반증하는 것이라 할 수 있다.

② A가 세무조사를 받으면서 한 진술의 내용이나 이혼 후 A의 언동 등을 종합하여 보면, A가 B와 이혼을 한 이유는 전처 소생의 자녀들인 D 등과 상속재산분쟁을 회피하기 위한 것으로 보이는데, 이혼의 목적이 혼인생활의 청산이 아니라 재산분할에 있었음을 알 수 있다.

③ 이 사건 이혼과 같이 일방 배우자의 사망이 임박한 시점에 상속재산분쟁을 회피할 목적으로 재산분할을 위한 이혼을 한 경우, 이혼으로 인한 재산분할의 효력을 부인하더라도 이로 인하여 제3자의 권리가 침해될 가능성이 있다거나 신분관계질서가 혼란스러워질 우려가 있다고는 보이지 않고, 반면 이와 같은 재산분할의 효력을 부인할 수 없다면 이혼을 하지 아니하여 고율의 상속세 등을 부담하는 경우와 비교하여 세 부담에서 현저한 차이가 발생하는 등 조세정의와 형평의 관점에서 부당한 결과가 나타난다.

2. 원심법원의 판결2)

원심법원 또한 1심법원의 판결에 불복하여 증여세부과처분취소를 구한 A의 항소를 기각하였다. 원심법원인 서울고등법원의 판결이유는 1심법원의 그것과 다르지 않은데, 다만 다음과 같은 몇 가지 서술이 추가되었다.

① A의 이혼 및 재산분할 청구와 그에 대한 망인의 답변 및 조정에 이르기까지의 기간이 1달 보름 남짓 정도밖에 소요되지 않았고 합의가 바로 도출되었다는 점에서 당사자 사이에 미리 의견조율이 된 상태에서 소송제기와 조정이라는 형식만을 취한 것이 아닌지 강한 의심이 든다.

② A가 B와 이혼을 한 이유는 장차 망인이 사망했을 때 전처 소생의 자녀들인 D 등과 상속재산분쟁을 회피하기 위한 것으로 보이는바, 이혼의 목적이 혼인생활의 청산이 아니라 재산분할의 형식을 빌린 사전증여에 있음을 알 수 있다.

③ 설령 A와 B 사이의 이혼이 A의 이혼 및 재산분할청구와 그에 따른 조정으로 인한 것이어서 그 조정조서가 준재심청구 등에 의하여 취소되지 아니하는 이상 혼인해소의 효력에는 영향이 없다고 할지라도, 과세관청으로서는 실질과세의 원칙에 따라서 법원의 조정조서에 규정된 이행의무(이 사건에 있어서는 재산분할)의 실질적인 성격을 파악하여 증여세 부과여부를 결정할 수 있는 것인데, (…) 위 조정조서에 의한 재산분할은 그 실질에 있어서는 증여라 할 것이다.

---

2) 서울고등법원 2016. 10. 20. 선고 2016누38183 판결.

III. 대법원판결

대법원은 다음과 같은 이유에서 원심판결을 파기하고 사건을 서울고등법원으로 환송하였다.

"법률상의 부부관계를 해소하려는 당사자 간의 합의에 따라 이혼이 성립한 경우 그 이혼에 다른 목적이 있다 하더라도 당사자 간에 이혼의 의사가 없다고 말할 수 없고, 이혼이 가장이혼으로서 무효가 되려면 누구나 납득할 만한 특별한 사정이 인정되어야 한다. 그리고 이혼에 따른 재산분할은 부부가 혼인 중에 취득한 실질적인 공동재산을 청산·분배하는 것을 주된 목적으로 하는 제도로서 재산의 무상이전으로 볼 수 없으므로 그 이혼이 가장이혼으로서 무효가 아닌 이상 원칙적으로 증여세 과세대상이 되지 않는다. 다만 민법 제839조의2 제2항의 규정 취지에 반하여 상당하다고 할 수 없을 정도로 과대하고 상속세나 증여세 등 조세를 회피하기 위한 수단에 불과하여 그 실질이 증여라고 평가할 만한 특별한 사정이 있는 경우에는 그 상당한 부분을 초과하는 부분에 한하여 증여세 과세대상이 될 수 있다. (…)

이 사건 이혼은 법률상의 부부관계를 해소하려는 A와 B 간의 합의에 따라 성립된 것으로 보인다. 설령 그 이혼에 다른 목적이 있다 하더라도 A와 B에게 이혼의 의사가 없다고 할 수 없으며, 장차 B가 사망했을 때 발생할 수 있는 D 등과의 상속재산분쟁을 회피하기 위하여 A와 B가 미리 의견을 조율하여 B의 사망이 임박한 시점에 이혼을 한 것으로 의심되는 사정이나, 이혼 후에도 A가 B와 동거하면서 사실혼 관계를 유지한 사정만으로는 이 사건 이혼을 가장이혼으로 인정하기 어렵다. 따라서 이 사건 재산분할은 원칙적

으로 증여세 과세대상이 될 수 없고, 다만 그 재산분할이 민법 제
839조의2 제2항의 규정 취지에 반하여 상당하다고 할 수 없을 정
도로 과대하고 상속세나 증여세 등 조세를 회피하기 위한 수단에
불과하여 그 실질이 증여라고 평가할 수 있는 경우에 해당한다면,
그 상당한 부분을 초과하는 부분에 한하여 증여세 과세대상이 될
수 있을 뿐이다."

IV. 해 설

1. 대상판결의 논점

대상판결에서 증여세부과처분이 적법한 것인지와 관련해서는
우선 이른바 가장이혼의 효력문제가 논점이 될 수 있다. 1심 및 원
심법원의 판단과 대법원의 판단이 갈리는 첫 번째 부분도 이것이
었다. 이 문제는 이혼의사의 내용과 연계하여 살펴보아야 한다. 한
편 가장이혼의 경우에도 유효한 효력을 인정한다고 하더라도 세법
상 실질과세의 원칙을 근거로 하여 증여세부과처분이 적법한 것으
로 평가될 수 있다. 이와 관련해서는 이혼 시 재산분할의 내용에
비추어 경제적 실질의 측면에서라도 이를 증여로 평가할 수 있는
지가 구체적으로 논증되어야 한다.

2. 이론적 검토

(1) 이혼의사의 내용과 가장이혼의 효력
부부는 당사자의 협의된 의사에 따라 이혼할 수 있다(민법 제834

조 참조).[3] 가정법원의 확인을 받아 가족관계의 등록 등에 관한 법률의 정한 바에 따라 신고하는 방식으로 이혼하는 경우는 물론(제836조), 재판상 이혼 과정에서 조정을 통하여서도(가사소송법 제2조 제1호 나목 및 제50조 내지 제61조) 이러한 의사합치에 따른 이혼이 이루어지기도 한다.[4] 그런데 이혼하려는 당사자 사이의 합치된 의사가 혼인의 실체관계를 해소하고자 하는 것이 아니라 이혼에 따른 특정한 법률적 효과의 발생을 목적으로 하는 경우가 종종 있다. 실무상으로는 배우자 일방에 대한 강제집행 면탈을 위해 행해지는 이혼 및 재산분할협의(제839조의2)가 자주 문제가 되는데, 본 사안과 같이 다른 상속인들과의 관계에서 상속재산분쟁을 회피하기 위해 이루어지는 이혼과 재산분할의 경우에도 같은 맥락에서 논의해 볼 수 있을 것이다. 전통적으로 이를 가장이혼의 문제라고 부른다.[5] 사안에서 가장이혼의 효력이 무효가 된다면 이혼을 전제로 한 재산분할 역시 그 효력을 상실하게 될 것이므로 이를 실제로 증여로 평가하는 것이 가능하게 된다.

---

3) 이하 법명이 생략된 것은 민법을 지칭한다.

4) 가사조정은 일정한 범위의 가사사건과 그것에 관계되는 민사청구에 관하여 당사자의 합의를 유도하여 분쟁을 해결하는 절차로서 가사 및 관련 민사에 대한 분쟁을 간이한 절차에 따라 당사자 사이의 상호 양해를 통하여 조리를 바탕으로 실정에 맞게 해결함을 목적으로 하는 절차라 할 수 있다(가사소송법 제49조 이하 및 민사조정법 참조). 조정에 의한 이혼 또한 당사자 사이의 일정한 양해를 통해 그 의사합치로 이루어지게 된다.

5) 만일 가장이혼의 경우도 유효한 이혼의사의 합치가 있는 것이라 해석한다면 '가장이혼'이라는 용어 자체가 적절한지 의문이 있을 수 있다. 다만 가장이혼이라는 용어는 통례적으로 사용되고 있으므로 여기에서도 혼인관계의 실체를 해소하기 위한 것이 아닌 특정 법률적 효과를 의도하여 이루어지는 이혼을 가장이혼이라 부르기로 한다. 가장이혼이라는 용어의 적절성에 대한 지적으로는 윤진수 대표집필/윤진수 집필부분, 주해친족법, 제1권, 박영사, 2015, 159면(이하 '주해친족법/집필자'로 인용하기로 한다).

1) 학계에서의 논의

가장이혼의 효력이 어떠한가는 이혼의사의 의미를 어떻게 새기는지에 따라 결론이 달라질 수 있다. 이혼의사에 대해서는, 전통적으로 실질적 의사설과 형식적 의사설 등의 대립이 있다.[6] 실질적 의사설은 당사자 사이에 혼인관계를 실제로 해소시키려는 의사가 있을 때 이혼의사의 합치가 있다고 보는 견해로 이에 의사면 혼인의 실체를 해소할 의사 없이 이루어지는 가장이혼은 무효가 된다. 실질적 의사설을 지지하는 문헌들은, 이혼의 의사는 실체적 관계로서의 부부공동체를 해소시키려는 것으로 보아야 한다거나[7] 이혼을 무효로 만드는 이혼의 합의의 부존재에 있어서의 이혼의사는 당연히 실질적 의사 즉 혼인관계를 해소하려는 의사이어야 하며 이혼신고를 하려는 의사는 아무런 의미도 없다[8]고 설명한다. 이에 반해 형식적 의사설은 이혼의사란 이혼신고를 함으로써 법률상 부부관계를 해소하는 의사를 의미한다고 본다. 가족관계등록부의 공

---

6) 일반적으로는 혼인의사와 이혼의사는 그 의미를 별도로 논의하고 있다. 혼인의사에 대해 상세하게는 권순한, "혼인의사와 혼인신고", 가족법연구 제13호, 한국가족법학회, 1999; 이화숙, "가족법상 법률행위에 있어 의사와 신고", 『가족, 사회와 가족법』, 세창출판사, 2012, 127면 이하; 조미경, "혼인의사와 신고", 가족법연구 제10호, 한국가족법학회, 1996, 59면 이하 등 참조. 반면 최근 혼인의사를 혼인신고의사와 혼인효과의사로 나누고 혼인의사에는 혼인신고의사가 포함된다고 보는 견해 중 일부는 가장이혼문제를 혼인신고의사의 철회의 의미로 파악하여 혼인의사를 이혼의사와 일정 부분 연계하여 판단하기도 한다[윤진수, 친족상속법강의(제2판), 박영사, 2018, 48-49면 및 85-86면].

7) 오시영, 친족상속법(제2판), 학현사, 2011, 149면.

8) 송덕수, 친족상속법(제3판), 박영사, 2017, 74면. 한편 송덕수 교수는 혼인이나 이혼의 성립요건과 효력요건을 구분하여 설명한다. 혼인이나 이혼을 성립시키기 위한 당사자의 합의는 외형적인 의사표시의 일치로서 충분하며 혼인의 실질적 의사라는 것은 혼인이나 이혼의 유효성과 관련된 문제라고 평가하는 것이다(같은 책, 30-31면, 70면, 74-75면 참조).

시적 기능 즉, 혼인신고기재의 공시성이 강화되어 있는 우리나라
혼인신고제도의 특수성과 그에 따른 협의이혼의식의 변화, 사기·
강박이 없는 한 법관의 면전에서 이혼의사의 진정함을 다짐받고
신고한 후에 그 무효를 주장한다는 금반언의 법리 혹은 형평의 법
리에서 보아 허용될 수 없다는 점 등을 근거로 해소적 신분행위에
있어서는 원칙적으로 형식적 의사설을 취하는 것이 타당하다고 하
거나,[9] 우리 민법은 법률혼주의를 취하고 있고, 이혼 시 가정법원
의 확인을 받게 하고 있으므로 실질적 의사설보다는 형식적 의사
설이 타당하다[10]고 설명하는 것이다. 그 외에 협의이혼의 유형에
따라 사회적 현실과 법정책적 가치판단을 종합적으로 고려하여 이
혼의사를 판단하는 구체적 가치판단설이 주장되기도 한다.[11] 한
편 최근에는 혼인의 의사에 혼인신고의사가 포함된다고 설명하면
서 이혼신고를 하는 것은 쌍방이 혼인신고의사를 철회하는 것과
마찬가지이고 따라서 당사자들이 종전과 마찬가지로 공동생활관
계를 유지할 의사가 있었다고 하더라도 종전의 혼인관계는 법적으
로 소멸하고 공동의 생활관계는 사실혼으로 바뀌는 것이라는 설명
도 있다.[12]

---

9) 박병호, 가족법, 한국방송대학교출판부, 1991, 109-110면.
10) 최금숙, 로스쿨 친족법(II. 약혼·혼인·이혼편), 제일법규, 2010, 157-158면.
11) 이경희, 가족법(8정판), 법원사, 2013, 102면.
12) 윤진수, 앞의 책(주 6), 76면. 유사한 취지에서 협의이혼신고의 의사가 있는 이상 적어도 신고의사 즉 형식적 의사는 탈락하므로 법률혼으로 보호할 수는 없고 이혼의사는 이혼신고를 하여 법률혼을 해소시킬 의사를 뜻할 뿐이라는 주장도 있다(주해친족법/이동진, 309-310면). 그런데 이동진 교수는 '형식적 의사설'의 일종으로 본인의 견해를 표현하고 있다.

2) 판례의 태도

가장이혼의 효력과 관련해서 판례는 일정한 변화의 흐름을 보이고 있다.[13] 과거 판례는 "혼인의 파탄이란 사실도 없이 부부가 종전과 다름없이 동거생활을 계속하면서, 통모하여 형식상으로만 협의 이혼 신고를 하고 있는 것이라면, 신분 행위의 의사 주의적 성격에 비추어, 이는 무효한 협의 이혼이라 할 것"이라고 판시하였다가,[14] 그 이후, "이혼 당사자간에 혼인 생활을 실질상 폐기하려는 의사는 없이 단지 강제집행의 회피, 기타 어떤 다른 목적을 위한 방편으로 일시적으로 이혼신고를 하기로 하는 합의가 있었음을 인정할 증거가 없다면 이혼당사자간에 일응 일시나마 법률상 적법한 이혼을 할 의사로서 이혼신고를 한 것으로 인정되고 부부관계는 유효하게 일단 해소되었다고 보아야 할 것"이라고 한다.[15] 이러한

---

13) 판례의 흐름과 관련해서는 이미 자세한 검토가 선행연구를 통해 이루어지도 하였다. 대표적으로 김민규, "이혼실태와 가장이혼의 법리", 아세아여성법학 4호, 아세아여성법학연구소, 2001, 119면 이하 참조.

14) 대법원 1967.2.7. 선고 66다2542 판결. 그 밖에도 대법원 1961.4.27. 선고 4293민상536 판결이 이러한 취지의 판결례로 많이 언급되고 있다. 본 판결은 대법원 종합법률정보 사이트에서는 확인할 수 없다. 해당 판결 내용에 대해서는 김주수·김상용 대표집필, 주석민법(제5판), 친족(2), 한국사법행정학회, 2016, 45면 참조. 서자를 적자로 하기 위한 형식상 이혼신고를 하였다 하여도 신고 당시에 당사자의 쌍방에 이혼의 뜻이 없었을 경우에는 그 이혼은 그 효력이 생기지 아니한다는 취지이다.

15) 대법원 1975.8.19. 선고 75도1712 판결. 유사한 취지의 판결로, "피고인들이 해외로 이주할 목적으로 이혼하기로 하였다 하더라도 피고인들은 일시적이나마 법률상 부부관계를 해소하고저 하는 의사의 합치가 있었다는 취지의 사실을 인정하고 있으며 기록에 나타난 증거자료에 의하면 피고인들은 일시적이나마 이혼할 의사가 있었다고 보여지므로 원심의 위 인정은 정당하다 할 것이다. 그렇다면 혼인 및 이혼의 효력발생여부에 있어서 형식주의를 취하는 이상 피고인 등의 이건 이혼신고는 유효하다"라고 판시한 대법원 1976.9.14. 선고 76도107 판결, "청구인은 피청구인이 외국이민을

변화된 판결의 전제는, "협의이혼에 있어서 이혼의사는 법률상 부
부관계를 해소하려는 의사를 말하므로 일시적으로나마 법률상 부
부관계를 해소하려는 당사자간의 합의하에 협의이혼신고가 된 이
상 협의이혼에 다른 목적이 있더라도 양자간에 이혼의사가 없다고
는 말할 수 없다"는 점에 있는데,16) 다른 판결례에서는 이에 덧붙
여 "협의상 이혼의 경우에는 이혼하려는 당사자 쌍방은 가정법원
에 출석하여 이혼의사의 유무에 관하여 판사의 확인을 받아 그 확
인서를 첨부하여 이혼신고를 하여야 하므로 협의상 이혼이 가장이
혼으로서 무효로 인정되려면 누구나 납득할 만한 충분한 증거가
있어야 하고, 그렇지 않으면 이혼 당사자간에 일응 일시나마 법률
상 적법한 이혼을 할 의사가 있었다고 인정함이 이혼신고의 법률
상 및 사실상의 중대성에 비추어 상당하다"고 하여, 법원에서 협의
이혼의사를 확인하는 점 등을 근거로 추가하기도 한다.17) 한편 이
글의 검토대상이 된 판결에서도 법원은, "법률상의 부부관계를 해
소하려는 당사자 간의 합의에 따라 이혼이 성립한 경우 그 이혼에
다른 목적이 있다 하더라도 당사자 간에 이혼의 의사가 없다고 말
할 수 없고, 이혼이 가장이혼으로서 무효가 되려면 누구나 납득할
만한 특별한 사정이 인정되어야 한다"고 하여 같은 취지를 반복하
고 있다.

떠났다가 3년 후에 다시 귀국하여 혼인신고를 하여 주겠다고 하여 이를 믿
고 이혼신고를 하였다면 별다른 사정이 없는 한 당사자 간에 일시적이나마
법률상의 부부관계를 해소할 의사가 있었다고 할 것이니 그 이혼신고는 유
효하다고 할 것이다"라고 한 대법원 1981.7.28. 선고 80므77 판결 등을 들
수 있다.

16) 대법원 1993.6.11. 선고 93므171 판결.

17) 대법원 1996.11.22. 선고 96도2049 판결. 대법원 1997.1.24. 선고 95도448
판결도 같은 취지이다.

3) 검 토

판례가 현재 어떠한 입장을 취하고 있는 것인지에 대해서는 평가가 일치하지 않는다. 일부 문헌은 종전의 판례가 실질적 의사설에 입각하여 가장이혼을 무효라고 판단하다 최근의 판례는 형식적 의사설을 취하여 가장이혼의 효력을 인정한다고 평가한다.[18] 그러나 판례가 여전히 실질적 의사설을 취하고 있다는 평가도 있고,[19] 외형상 실체법적으로 실질적 의사설을 유지하면서 증거법상 그 번복을 극히 곤란하게 하고 있을 뿐으로 보이지만 그 결과에 있어서는 실체법상 형식적 의사설로 전환한 것과 거의 다르지 않다고 평가하는 입장도 있다.[20] 또 최근에는 혼인의사의 의미에 대한 '법적 의사설'에 상응하는 시각에서 판례를 분석하는 입장도 존재한다.[21]

---

18) 김주수 · 김상용, 친족상속법(제14판), 법문사, 2017, 168면; 박동섭, 친족상속법(제4판), 박영사, 2013, 145면.

19) 송덕수, 앞의 책(주 8), 74면. 송덕수 교수는 판례에 대하여, 실질적 의사설에 따르는 것이되 다만 특별한 사정이 있는 경우에만 이혼의사를 인정하려는 취지라고 보고 있다.

20) 주해친족법/이동진, 309면.

21) 권재문, "가장이혼으로 인한 재산분할과 사해행위 취소", 법조 66권 3호, 법조협회, 2017.6, 660-662면. 한편 전부터 일본 高橋忠次郎 교수의 이론구성을 차용하여, 신분행위를 혼인이나 입양 등의 '창설적 신분행위'와 이혼이나 파양 등의 '해소적 신분행위'로 나누고 '창설적 신분행위'에는 '적극적 의사'가 필요하지만, '해소적 신분행위'에는 '소극적 의사'가 존재하는 것으로 족하다는 전제에서, 이혼은 '해소적 신분행위'에 해당하여 혼인이라는 신분관계를 해소하고 부부관계라는 법적 구속에서 해방된다는 의사 즉 '소극적 의사'의 합치로 족하다는 주장도 있다[김민규, 앞의 글(주 13), 136-137면]. 김민규 교수는 가장이혼의 문제에 대하여, 결국 이와 같은 이혼의사는 적어도 법적으로는 혼인이라는 신분관계가 해소된다는 의사와 법적 구속에서 해방된다는 이혼의 기본적 효과에 관한 의욕 또는 인식이 존재하기 때문에 이혼의사의 합치는 존재한다고 평가하고 있다. 권재문 교수도

우선 가장이혼에 대한 최근 판결례의 특유한 표현 몇 가지를 짚어 보자면 다음과 같은 것들을 들 수 있다. 첫째 협의이혼에 있어서 이혼의사는 '법률상' 부부관계를 해소하려는 의사라고 한다. 둘째 이혼 당사자 간에 혼인 생활을 실질상 폐기하려는 의사는 없이 단지 강제집행의 회피, 기타 어떤 다른 목적을 위한 방편으로 일시적으로 이혼신고를 하기로 하는 합의가 있었음을 인정할 증거가 있다면 예외적이기는 하지만[22] 논리상으로는 가장이혼으로 무효가 될 여지가 있다고 보여진다.[23] 셋째 협의이혼의 경우 가정법원에 출석하여 이혼의사의 유무에 관하여 판사의 확인을 받아 그 확인서를 첨부하여 이혼신고를 한다는 점을 중요하게 고려하고 있다.

첫째의 점과 관련하여, '법률상' 부부관계를 해소한다는 의미는 다양하게 이해될 수 있겠지만, 협의이혼은 신고함으로써 그 효력이 생기는 것이므로(제836조 참조) 신고의사로 이해할 여지가 적지

이와 같은 취지의 입장을 견지하는 것으로 보인다.

22) 판례는 "누구나 납득할 만한 특별한 사정이 인정되어야 한다"고 표현한다. 대표적으로 이 사건 검토대상 판결인 대법원 2017.9.12. 선고 2016두58901 판결이 그러하다.

23) 그런데 이러한 판시의 전반부에 해당하는 예외사유가 적절한지는 의문이 있다. 즉 "이혼 당사자간에 혼인 생활을 실질상 폐기하려는 의사는 없이 (…) 다른 목적을 위한 방편으로 일시적으로 이혼신고를 하기로 하는 합의가 있었음을 인정할 증거"가 있다고 하더라도 "일응 일시나마 법률상 적법한 이혼을 할 의사"가 있는 것으로 인정될 수 있기 때문이다. 후반부의 원칙론과 전반부의 예외사유가 분명히 구분되지 않는다. 대상판결의 경우에도 보는 시각에 따라서는 이러한 예외사유에 해당한다고 평가할 수 있다. 대상판결에서 대법원과 같이 단순히 "이혼이 가장이혼으로서 무효가 되려면 누구나 납득할 만한 특별한 사정이 인정되어야 한다"라고 표현하는 것이 오히려 혼란의 여지가 줄일 수 있는 방법으로 생각된다. 다만 법률관계의 명확성이라는 측면에서, 이러한 누구나 납득할 만한 특별한 사정이 무엇인지는 향후 구체적으로 정립될 필요가 있다.

않다. 특히 판례는 가장이혼의 효력이 유효함을 설명하며, "혼인 및 이혼의 효력발생여부에 있어서 형식주의를 취하는 이상"이라거나,24) "이혼신고의 법률상 및 사실상의 중대성에 비추어"25) 등의 표현을 사용하는데, 이러한 표현들은 이러한 이해의 설득력을 더하는 것들이다. 그럼에도 둘째의 특징에 비추어 보면 판례가 '법률상 부부관계의 해소'라고 표현하는 의미가 단순히 신고의사에 불과한 것인지에 대해서는 의문이 있다. 형식적 의사설에 따른다면 이와 같은 예외를 전제하는 것이 자연스럽지는 않기 때문이다.26) 물론 이와 같은 특수한 경우를 인정하는 판결례를 찾아보기 어렵다는 점, 특히 대상판결과 같이 이혼 후 사실혼관계를 유지하고 심지어 사실상혼인관계존재확인의 소를 제기하여 승소판결까지 받은 경우에 대해서도 이러한 예외를 인정하지 않고 있다는 점 등을 감안하면, 판례는 외형상 실질적 의사설을 유지하면서 증거법상 그 번복을 극히 곤란하게 하고 있을 뿐으로 보이지만 그 결과에 있어서는 형식적 의사설로 전환한 것과 거의 다르지 않다고 평가하는 입장이 비교적 정확한 평가인 것으로 생각된다. 한편 세 번째 점과 관련하여서, 가정법원의 확인절차를 거친다는 점은 가장이혼

---

24) 대법원 1976.9.14. 선고 76도107 판결.

25) 대법원 1996.11.22. 선고 96도2049 판결.

26) 같은 이유에서 해소적 신분행위인 이혼의 경우에 법적으로 혼인관계에서 해소된다는 소극적 인식만으로 유효한 이혼의사의 합치가 있다고 보는 견해(주 21 참조)로도 판례를 충분히 설명하기는 어렵다고 생각된다. 가장이혼으로 다루게 되는 경우는 최소한 이런 소극적 인식을 인정하지 않을 수 없기 때문이다. 반면 권재문 교수는 당사자들이 법률상 혼인관계 자체를 유지하려는 내심의 효과의사를 가지고 협의이혼 신고를 하는 경우에는 허위표시로 인정될 수 있다고 설명하고 있다[권재문, 앞의 글(주 21), 662면]. 그런데 이혼신고의 의사가 있다는 것과 법률상 혼인관계 자체를 유지하려는 효과의사가 있다는 점이 양립할 수 있는 것인지는 의문이 없지 않다.

의 문제에 있어서 이를 유효로 볼 수 있는 하나의 근거가 될 수는 있겠지만 이를 뒷받침하는 충분한 근거가 되지는 않는다고 생각된 다.[27] 오히려 가장이혼을 무효로 보았을 때 발생할 수 있는 가족관 계에서의 혼란의 문제 등은 이 문제를 접근함에 있어 보다 주의 깊 게 고려해야 할 점이 될 수 있다.[28] 대상판결의 1심법원은, "이 사 건 이혼과 같이 일방 배우자의 사망이 임박한 시점에 상속재산분 쟁을 회피할 목적으로 재산분할을 위한 이혼을 한 경우, 이혼으로 인한 재산분할의 효력을 부인하더라도 이로 인하여 제3자의 권리 가 침해될 가능성이 있다거나 신분관계질서가 혼란스러워질 우려 가 있다고는 보이지 않는다"고 하여 이 사건 원고 A와 B 사이에 있 었던 이혼이 가장이혼으로 무효가 되어야 함을 밝히고 있는데, 그 결론에 있어서는 동의하기 어렵지만, 법원도 이러한 정책적 측면 을 고려하고 있음을 보여 준다.[29] 판례가 가장이혼을 원칙적으로 유효한 것으로 판단하는 것은 결론에 있어서 적절한 것으로 생각 된다.

---

27) 이와 관련해서는 김민규 교수의 지적이 적절한 것으로 생각된다. 즉 협의 이혼에 대한 확인제도는 이혼의사의 확인효력을 강화하는 효과(확정력, 공 증력)는 있지만, 공시제도로서의 호적신고에 특별한 영향을 주는 것은 아 니다. 그러므로 가정법원의 확인제도를 도입하였다고 하여 가장이혼에 대 한 법리구성을 달리하여야 할 이유는 없다고 할 것이다. 김민규, 앞의 글 (주 13), 139면 참조.

28) 이화숙, 앞의 글(주 6), 152-153면에서는, 가장혼인은 제3자와의 혼인신고 등으로 제3자보호의 문제가 내포되어 있다는 점이 고려되어야 함을 지적한 다.

29) '일방 배우자의 사망이 임박한 시점'이라는 판단의 기준이 적절한 것인지, 아울러 분명한 것인지는 의문이 있다. 이상의 기준은 제3자의 권리침해가 능성과 필연적 관련성을 갖지는 않으며 판단기준 또한 모호하다.

(2) 세법상 실질과세의 원칙과 재산분할

가장이혼의 효력을 일단 유효한 것으로 전제한다고 하더라도[30] 세법상 실질과세의 원칙에 따라 증여세를 부과하는 것이 정당한지의 문제는 다시금 논의해 볼 수 있다.[31] 이하에서는 먼저 실질과세의 원칙에 대하여 필요한 범위 내에서 간략하게 언급하고 이에 비추어 본 사안을 평가해 보도록 한다.

1) 실질과세의 원칙

실질과세의 원칙은 경제적 의의 또는 실질을 기준으로 하여 조세법을 해석하고 과세요건사실을 인정해야 한다는 원칙을 말하며,[32] 국세기본법은 제14조에서 이러한 실질과세의 원칙에 대하여 규정을 두고 있다.[33]

---

30) 나아가 사안은 A와 B 사이의 이혼이 A의 이혼 및 재산분할청구와 그에 따른 조정으로 인한 것이어서 그 조정조서가 준재심청구 등에 의하여 취소되지 아니하는 이상 혼인해소의 효력에는 영향이 없는 경우였다. 조정이나 확정된 조정을 갈음하는 결정은 재판상 화해와 동일한 효력이 있다(가사소송법 제59조 제2항 참조).

31) 실질과세원칙은 애당초 사법상 효력을 부인하지 않고 세법의 측면에서만 이를 재구성하는 것이기 때문이다(곽상민, "위장이혼에 대한 실질과세원칙의 적용 가능성에 대한 연구", 세무와 회계 연구, 제7권 제1호, 한국세무사회, 2018, 264면. 곽상민 변호사는 이러한 논지에서 위장이혼의 경우에도 오로지 조세회피를 목적으로 하고 그 행위 태양이 예외적인 경우에 한하여 실질적으로 실질과세원칙의 적용을 허용할 수 있다고 평가한다(같은 글, 266면).

32) 황남석, "실질과세원칙의 적용과 관련된 최근 판례의 동향 및 쟁점", 조세법연구 제23권 제1호, 한국세법학회, 2017, 60-61면.

33) 국세기본법 제14조(실질과세) ① 과세의 대상이 되는 소득, 수익, 재산, 행위 또는 거래의 귀속이 명의(名義)일 뿐이고 사실상 귀속되는 자가 따로 있을 때에는 사실상 귀속되는 자를 납세의무자로 하여 세법을 적용한다.
② 세법 중 과세표준의 계산에 관한 규정은 소득, 수익, 재산, 행위 또는 거

종전에 세법의 해석과 관련해 '실질'의 의미가 무엇인지에 대해서는 논쟁이 있어 왔다. 그 논쟁은 법적 실질설과 경제적 실질설로 대별해 볼 수 있다.[34] 법적 실질설은 실질과세의 원칙은 조세법률주의나 기타 헌법원칙이 허용하는 한도 내에서만 그 타당성을 인정받을 수 있고, 법적 실질과 경제적 실질 사이에 괴리가 발생한 경우에는 법적 실질을 기준으로 하여 세법을 해석하고 적용하여야 한다는 견해이다.[35] 이와 달리 경제적 실질설은 법적 형식과 경제적 실질이 다른 경우에는 법적 형식에 구애됨이 없이 경제적 실질을 기준으로 하여 조세법을 해석하고 적용하여야 한다는 견해로서 조세회피행위에 대한 거래의 재구성이나 실질에 따른 귀속을 긍정하는 논거로 활용된다.[36]

이 문제와 관련해 판례는 과거에는 법적 실질설의 입장에서 판시하여 오다가[37] 최근 전원합의체 판결을 통해 경제적 실질설로

래의 명칭이나 형식에 관계없이 그 실질 내용에 따라 적용한다.

③ 제3자를 통한 간접적인 방법이나 둘 이상의 행위 또는 거래를 거치는 방법으로 이 법 또는 세법의 혜택을 부당하게 받기 위한 것으로 인정되는 경우에는 그 경제적 실질 내용에 따라 당사자가 직접 거래를 한 것으로 보거나 연속된 하나의 행위 또는 거래를 한 것으로 보아 이 법 또는 세법을 적용한다.

34) 이와 관련하여 상세하게는 황남석, 앞의 글(주 32), 64-68면 참조. 그 밖에도 최성근, "실질과세원칙에 관한 법리의 규정에 대한 분석 및 평가", 조세법연구 제19권 제2호, 한국세법학회, 2013, 124-133면; 주승연, "이혼과 실질과세의 원칙", 경희법학 제52권 제4호, 경희대학교 법학연구소, 2017, 115-117면 등도 참조.

35) 장석조, "조세법상 실질과세원칙의 적용한계", 사법논집 제33집, 법원도서관, 2001, 561-562면.

36) 주승연, 앞의 글(주 34), 118면.

37) 가령 대법원 2011.5.13. 선고 2010두5004 판결은 "납세의무자가 경제활동을 함에 있어서는 동일한 경제적 목적을 달성하기 위하여서도 여러 가지의 법률관계 중 하나를 선택할 수 있으므로 그것이 가장행위에 해당한다고 볼

그 입장이 전환된 것으로 평가되고 있다.[38] 즉 판례는, "구 국세기본법(2007.12.31. 법률 제8830호로 개정되기 전의 것, 이하 같다) 제14조 제1항, 제2항이 천명하고 있는 실질과세의 원칙은 헌법상의 기본이념인 평등의 원칙을 조세법률관계에 구현하기 위한 실천적 원리로서, 조세의 부담을 회피할 목적으로 과세요건사실에 관하여 실질과 괴리되는 비합리적인 형식이나 외관을 취하는 경우에 그 형식이나 외관에 불구하고 실질에 따라 담세력이 있는 곳에 과세함으로써 부당한 조세회피행위를 규제하고 과세의 형평을 제고하여 조세정의를 실현하고자 하는 데 주된 목적이 있다. 이는 조세법의 기본원리인 조세법률주의와 대립관계에 있는 것이 아니라 조세법규를 다양하게 변화하는 경제생활관계에 적용함에 있어 예측가능성과 법적 안정성이 훼손되지 않는 범위 내에서 합목적이고 탄력적으로 해석함으로써 조세법률주의의 형해화를 막고 실효성을 확보한다는 점에서 조세법률주의와 상호보완적이고 불가분적인 관계에 있다고 할 것이다"라고 전제하고, "주식이나 지분의 귀속 명의자는 이를 지배·관리할 능력이 없고 명의자에 대한 지배권 등을 통하여 실질적으로 이를 지배·관리하는 자가 따로 있으며, 그와 같은 명의와 실질의 괴리가 위 규정의 적용을 회피할 목적에서 비롯된 경우에는, 당해 주식이나 지분은 실질적으로 이를 지배·관리하는 자에게 귀속된 것으로 보아 그를 납세의무자로 삼

특별한 사정이 없는 한 과세관청으로서는 납세의무자가 선택한 법률관계를 존중하여야 하고, 납세의무자의 거래행위를 그 형식에도 불구하고 조세회피행위라고 하여 그 효력을 부인할 수 있으려면 법률에 개별적이고 구체적인 부인 규정이 있어야 한다"고 판시하였다. 같은 취지로 대법원 1991. 5.14. 선고 90누3027 판결; 대법원 2009.4.9. 선고 2007두26629 판결 등도 참조.

38) 대법원 2012.1.19. 선고 2008두8499 전원합의체 판결.

아야 할 것이다. 그리고 그 경우에 해당하는지는 당해 주식이나 지분의 취득 경위와 목적, 취득자금의 출처, 그 관리와 처분과정, 귀속명의자의 능력과 그에 대한 지배관계 등 제반 사정을 종합적으로 고려하여 판단하여야 한다"고 밝히고 있다.[39]

2) 사안의 검토

결론적으로 실질과세의 원칙에서 실질의 의미를 경제적 실질로 이해한다고 하더라도 재산분할청구권의 내용에 비추어 사안과 같은 경우 원칙적으로 이를 증여로 평가하여 증여세를 부과하는 것이 적절한 것인지에 대해서는 의문이 있고 이러한 취지에서 판례의 결론이 타당한 것으로 생각한다. 그런데 본 판결과 관련하여 세법의 측면에서 평가하고 있는 문헌 중에는 필자와 다른 견해를 취하고 있는 것이 있어 먼저 그러한 입장을 살펴보고 판결에 대하여 평가해 보고자 한다.

현재 대상판결에 대한 판례평석으로 공간된 문헌 가운데에서 판결에 대한 비판적 시각을 찾아볼 수 있다. 그 주장의 주요한 내용은, 사안에서는 이혼이 가족법상 신분에 관한 사항이므로 달리 볼 여지가 없지는 않으나, 실질과세의 원칙은 사인 간의 민법상 거래 자체를 부인하는 것이 아니라 당해 거래에 관한 납세의무 판단에 한해서 그 법적 성질을 무시하고 경제적 실질을 본다는 것이므로 대상 판결과 같은 경우에도 가족법상으로는 이혼의 법적 효력을

---

39) 특히 '명의와 실질의 괴리가 조세회피목적에서 비롯된 경우'에 당해 주식이나 지분은 실질적으로 이를 지배·관리하는 자에게 귀속된 것으로 보아 그를 납세의무자로 삼아야 한다고 하여, 조세회피목적이 인정되는 경우에 경제적 실질설의 입장을 취하는 절충설의 입장으로 평가되고 있다[송동진·전병욱, "실질과세원칙과 거래의 재구성", 조세법연구 제19권 제1호, 한국세법학회, 2013, 83면; 황남석, 앞의 글(주 32), 68면 등].

인정하되 다만 납세의무의 판단에 있어서는 그 이혼신고에도 불구하고 실제 혼인생활을 유지하는 실질에 비추어 조세회피 목적이 있을 수 있음에 착안하여 당 해 거래에 한정하여 이혼의 효력을 부인하는 것이 타당하다는 것이다.[40] 이 사건에서 원심법원의 판결도 이러한 전제에 서 있는 것이다. 즉 원심법원은, A와 B 사이의 이혼이 A의 이혼 및 재산분할청구와 그에 따른 조정으로 인한 것이어서 그 조정조서가 준재심청구 등에 의하여 취소되지 아니하는 이상 혼인해소의 효력에는 영향이 없다고 할지라도, 과세관청으로서는 실질과세의 원칙에 따라서 법원의 조정조서에 규정된 이행의무(이 사건에 있어서는 재산분할)의 실질적인 성격을 파악하여 증여세 부과여부를 결정할 수 있는 것인데, 위 조정조서에 의한 재산분할은 그 실질에 있어서는 증여라 할 것이라고 그 입장을 밝힌 바가 있다.

그런데 재산분할청구권은 혼인 중에 부부 쌍방이 협력으로 이룩한 재산을 청산하고 이혼 후의 부부 간 부양을 위한 취지에서 인정된 제도이다.[41] 헌법재판소도 이러한 취지에서 과거 구 상속세법(1990.12.31. 법률 제4283호로 개정되어 1994.12.22. 법률 제4805호로 개정되기 전의 것) 제29조의2 제1항 제1호 중 "이혼한 자의 일방이 민법 제839조의2 또는 동법 제843조의 규정에 의하여 다른 일방으로부터 재산분할을 청구하여 제11조 제1항 제1호의 규정에 의한 금액을 초과하는 재산을 취득하는 경우로서 그 초과부분의 취득을 포함한다"는 부분은 헌법에 위반된다는 판단을 한 바가 있다.[42]

---

40) 주승연, 앞의 글(주 34), 22-24면.
41) 대법원 2000.9.29. 선고 2000다25569 판결; 대법원 2016.12.29. 선고 2016 다249816 판결 등. 이와 관련하여 상세하게는 주해친족법/이동진, 374-379 면 참조.

결국 재산분할이라는 것은 상당부분 그 소유명의에도 불구하고 잠재화된 부부 일방의 지분을 청산하는 내용이 본체가 되는 것인데, 이에 대하여 증여와 동일하게 취급할 과세원인이 있다고 볼 이론적 · 정책적 유인이 있는지는 의문이다.[43] 가령 사안의 경우 증여세를 회피하고자 하는 목적이 인정된다고 하더라도[44] 그 경제적

---

42) 헌법재판소 1997.10.30. 선고 96헌바14 결정. 그 내용은 다음과 같다. "이혼시의 재산분할제도는 본질적으로 혼인 중 쌍방의 협력으로 형성된 공동재산의 청산이라는 성격에, 경제적으로 곤궁한 상대방에 대한 부양적 성격이 보충적으로 가미된 제도라 할 것이어서, 이에 대하여 재산의 무상취득을 과세원인으로 하는 증여세를 부과할 여지가 없으며, 설령 증여세나 상속세를 면탈할 목적으로 위장이혼하는 것과 같은 경우에 증여와 동일하게 취급할 조세정책적 필요성이 있다 할지라도, 그러한 경우와 진정한 재산분할을 가리려는 입법적 노력없이 반증의 기회를 부여하지도 않은 채 상속세 인적공제액을 초과하는 재산을 취득하기만 하면 그 초과부분에 대하여 증여세를 부과한다는 것은 입법목적과 그 수단간의 적정한 비례관계를 벗어난 것이며 비민주적 조세관의 표현이다. 그러므로 이혼시 재산분할을 청구하여 상속세 인적공제액을 초과하는 재산을 취득한 경우 그 초과부분에 대하여 증여세를 부과하는 것은, 증여세제의 본질에 반하여 증여라는 과세원인 없음에도 불구하고 증여세를 부과하는 것이어서 현저히 불합리하고 자의적이며 재산권보장의 헌법이념에 부합하지 않으므로 실질적 조세법률주의에 위배된다." 다만 해당 헌법재판소의 결정내용 중에 증여세나 상속세를 면탈할 목적으로 위장이혼하는 것과 같은 경우에는 증여와 동일하게 취급할 조세정책적 필요성이 있다는 지적에 대해서는 약간의 의문이 있다. 부부별산제의 취지상(제830조, 제831조 참조) 사법적 측면에서는 일정한 한계가 존재하는 것이기는 하지만, 경제적 실질을 기준으로 한다면 재산분할의 상당부분은 잠재화된 일방 배우자의 지분을 현실화하는 측면이 있기 때문이다.

43) 같은 취지로 정지선, "이혼시 재산분할 관련 과세문제에 관한 연구", 조세와 법 제3권, 서울시립대학교 법학연구소, 2010, 23-24면.

44) 여러 문헌들이 조사한 바에 따르면 부부 간 증여와 상속의 경우 외국의 입법례는 전액면제의 원칙을 취하는 경우도 적지 않다고 한다[주승연, 앞의 글(주 34), 117-118면; 정지선, 위의 글, 13-15면 등 참조]. 부부간 증여에 대해 증여세를 부과하는 것이 적절한지도 논란이 있을 수 있다.

실질에 있어서 이를 증여로 평가하는 것은 적절하지 않은 것으로 생각된다. 대상판결에서 대법원은 이 사건 A와 B의 이혼이 유효함을 전제로 이혼에 따른 재산분할은 부부가 혼인 중에 취득한 실질적인 공동재산을 청산·분배하는 것을 주된 목적으로 하는 제도로서 재산의 무상이전으로 볼 수 없다고 판시하여 비록 경제적 실질에 대해서는 충분한 판시를 하고 있지 않지만, 실질과세의 원칙을 경제적 실질에 따라 판단한다고 할지라도 원칙적으로 재산분할에 대해 증여로 평가하는 것은 타당하지 않은 것으로 생각된다.

한편 재산분할청구권 규정 취지에 반하여 상당하다고 할 수 없을 정도로 과대하고 상속세나 증여세 등 조세를 회피하기 위한 수단에 불과하여 그 실질이 증여라고 평가할 만한 특별한 사정이 있는 경우에는 그러한 상당한 부분을 초과하는 부분에 한하여 증여세 과세대상이 될 수 있다고 할 것이다. 대상판결의 태도도 이와 같다. 이에 대해서는 조세회피를 목적으로 한 위장이혼임을 이유로 재산분할을 부인하는 경우에는 그 전체가 재산분할에 해당하지 않는 것으로 보아야 하며 반대로 조세회피의 목적으로 한 위장이혼을 부인하지 않는다면 그 재산분할은 정당한 이혼에 따른 재산분할에 해당하고 따라서 전체가 증여세 비과세대상에 해당하는 것으로 보아야 한다는 지적이 있다.[45] 증여세는 배우자 공제와 같이 그 자체로 혼인 관계에 대한 문제가 엮여 있는 부분이 많고 그 이후에는 상속세의 문제까지 그 영향을 미치는 점에서[46] 실질과세원

---

45) 곽상민, 앞의 글(주 31), 279-282면. 이 문헌에서는 사법 일반이론에 의해 무효가 되는 이혼을 가장이혼으로 정의하고 다른 목적에 의하더라도 유효한 이혼을 위장이혼이라고 정의하므로 그 취지에 따라 이 부분에서만 위장이혼으로 용어를 사용하였다.

46) 상속세 및 증여세법 제19조, 제53조 등 참조.

칙을 좀 더 제한적으로 적용하여야 하며, 사실상 이혼 시 재산분할은 증여세 과세대상에 포함시키지 않는 것이 실무의 태도였는데 본 판결을 통해 혼란을 일으킬 가능성만 커졌다는 평가이다. 그러나 재산분할이 조세를 회피하기 위한 수단에서 이루어지고 상당한 재산분할의 범위를 넘었다고 하더라도 그 전체에 대하여 증여세를 부과해야 한다는 결론은 동의하기 어렵다. 앞서 언급한 것처럼 정당한 범위 내에서의 재산분할은 그 경제적 실질의 면에서 증여로 취급되어서는 안 될 것이며 이는 진정한 이혼이든 가장이혼이든 다르지 않다. 재산분할은 원칙적으로 부부 일방의 잠재된 재산의 청산이라는 성격을 갖는다는 점에서 정당한 범위 내의 재산분할이라면 증여세 부과대상이 되지 않음은 물론이며, 반대로 그러한 정당한 재산분할의 범위를 초과한 것이라면 그 초과되는 부분만이 증여의 의미로 포섭되어야 한다. 이 판결을 통해 실무에 혼란이 가중된 것은 더더욱 아니다. 단지 예외사유에 대한 증명책임을 과세관청이 부담한다는 점을 재확인한 것에 불과하다. 본 판결의 실익에 의문을 표하는 것은 가능하겠으나, 그럼에도 상당한 범위를 초과하는 재산분할의 경우 재산분할 전체를 증여로 취급하는 것이 정당하다는 근거가 되지는 않는다. 또한 쉽게 예측할 수는 없지만, 이혼이 유효한 이상 정당한 범위를 넘는 재산분할로서 초과되는 부분에 대해 증여세를 부과하더라도 별도로 배우자 공제를 인정할 필요는 없을 것이다.

3. 관련판례

2017년도에는 대상판결과 함께 세법학계에서 논란이 되었던 사건을 하나 더 찾아볼 수 있다. 대법원 2017.9.7. 선고 2016두35083

판결이 그것인데, 다주택을 소유하는 부부가 사실상 혼인생활을 계속하면서 법률상으로 이혼을 한 다음 주택을 양도하여 형식상 1세대 1주택의 양도에 따른 비과세요건47)을 충족한 후에 다시 혼인을 한 경우 해당 주택의 양도에 대해 중과세를 배제하고 1세대 1주택 비과세를 적용할 것인지의 여부가 다투어진 사례이다. 이 사건에서 대법원은 "양도소득세의 비과세요건인 '1세대 1주택'에 해당하는지를 판단할 때 거주자와 함께 1세대를 구성하는 배우자는 법률상 배우자만을 의미한다고 해석되므로, 거주자가 주택의 양도 당시 이미 이혼하여 법률상 배우자가 없다면, 그 이혼을 무효로 볼 수 있는 사정이 없는 한 종전 배우자와는 분리되어 따로 1세대를 구성하는 것으로 보아야 한다"고 하고, 이와 더불어 "협의이혼에서 이혼의 의사는 법률상의 부부관계를 해소하려는 의사를 말하므로, 일시적으로나마 법률상의 부부관계를 해소하려는 당사자 간의 합의하에 협의이혼신고가 된 이상, 그 협의이혼에 다른 목적이 있다고 하더라도 양자 간에 이혼의 의사가 없다고는 말할 수 없고, 그 협의이혼은 무효로 되지 아니한다"고 하여, 해당 사건에서 사실상 혼인생활을 하면서 이혼신고를 하였던 부부가 함께 1세대를 구성한다고 판단하여 1세대 다주택자의 주택양도로 중과세율이 적용

---

47) 소득세법은 소득세가 비과세되는 1주택의 판단 단위를 1세대를 기준으로 하고(소득세법 제89조 제1항 제3호), 1세대란 거주자 및 그 배우자가 그들과 같은 주소 또는 거소에서 생계를 같이 하는 자[거주자 및 그 배우자의 직계존비속(그 배우자를 포함한다) 및 형제자매를 말하며, 취학, 질병의 요양, 근무상 또는 사업상의 형편으로 본래의 주소 또는 거소에서 일시 퇴거한 사람을 포함한다]와 함께 구성하는 가족단위를 말한다고 정의하는 한편, 단서에서 대통령령으로 정하는 경우에는 배우자가 없어도 1세대로 본다고 규정한다(소득세법 제88조 제6호). 소득세법 시행령에 따르면 배우자가 사망하거나 이혼한 경우가 이러한 예외에 해당한다(소득세법 시행령 제152조의3 제2호).

되어야 한다고 판단했던 원심판결[48]을 파기하고 이를 환송하는 판결을 내렸다. 이 판결에 대해서도 비판적인 입장을 여럿 발견할 수 있다. 가령 이 경우에는 앞서 살핀 실질과세의 원칙에 있어서 경제적 실질설에 따라, 이혼에 따른 혼인관계의 해소의 실질과 형식 간에 괴리와 모순이 있고 실질적으로 보아 세대원의 구성에 변동이 생긴 것이 아니며 이때의 법률상 이혼이 오로지 조세회피 내지 면탈의 목적에서 기인된 것으로 보아야 하므로 타당하지 않다는 지적이 있다.[49] 나아가 이러한 해석을 하게 된다면 다주택자의 경우 택스플랜의 일환으로 하나의 주택을 양도할 때마다 이혼과 혼인을 반복함으로써 양도소득세를 회피하는 경우도 충분히 발생할 수 있고, 소득세법 기본통칙에는 부부가 이혼한 경우에는 각각 다른 세대를 구성하지만 법률상 이혼을 하였으나 생계를 같이하는 등 사실상 이혼한 것으로 보기 어려운 경우에는 동일한 세대로 본다는 규정도 있으므로(소득세법 기본통칙 89-154…1), 판례의 태도는 적절하지 않다는 지적도 있다.[50] 그런데 이 판결의 경우에는 대상판결과는 같지 않은 측면이 있다. 대상판결은 이혼 후에도 사실혼관계를 유지하고 있는 부부 사이에 이혼을 이유로 이루어진 재산분할에 증여세를 부과할 것인지가 문제된 사안으로, 재산분할청구권의 내용의 특수성에 따라 경제적 실질에 따라 평가하더라도 이를 증

---

48) 서울고등법원 2016.2.17. 선고 2015누55082 판결.

49) 김완석, "이혼 후에 사실상 혼인관계를 유지한 경우 1세대 1주택 비과세 여부의 판단―대법원 2017.9.7. 선고 2016두35083 판결", SAMILi.com, 2017.11.6.자. 유사한 취지의 칼럼으로 박상근, "이혼 후 사실혼 관계인 배우자의 동일세대 여부", 조세일보, 2017.9.27.자. 앞선 김완석 교수의 칼럼은 유료사이트라 일반적 접근이 쉽지 않다. 뒤의 칼럼은 아래 주소를 참조. http://www.joseilbo.com/news/htmls/2017/09/20170927336464.html (2018.4.19. 최종방문)

50) 주승연, 앞의 글(주 34), 124-125면.

여로 평가해야 할 당위성이 인정되기 어렵다는 점을 지적한 바 있다. 그러나 대법원 2017.9.7. 선고 2016두35083 판결은, 사실상 혼인관계의 실체를 유지하면서 이혼신고를 한 부부가 1세대에 해당하는가를 쟁점으로 하는 것으로, 재산분할청구의 내용과는 무관하게 경제적 실질에 따라 이들 부부가 1세대를 구성하는가가 평가의 대상이 되는 것이기 때문에 그 결론이 반드시 대상판결과 동일해야 하는 것은 아니라고 생각된다. 실질과세의 원칙상 1세대 다주택자 중과세율을 적용하는 것이 타당하다.[51]

한편 최근 대법원 2016.12.29. 선고 2016다249816 판결은 가장이혼문제가 전제되어 이루어진 재산분할에 대하여 사해행위임을 이유로 그 취소를 구할 수 있는지가 문제된 사건에서 대상판결과 유사한 근거들을 제시하여 다음과 같이 원칙적으로 이를 부정하는 취지의 판시를 하고 있다. "이혼에 따른 재산분할은 혼인 중 부부 쌍방의 협력으로 이룩한 공동재산의 청산이라는 성격에 경제적으로 곤궁한 상대방에 대한 부양적 성격이 가미된 제도로서, 이미 채무초과 상태에 있는 채무자가 이혼을 하면서 그 배우자에게 재산분할로 일정한 재산을 양도함으로써 일반 채권자에 대한 공동담보를 감소시키는 결과가 된다고 하더라도, 이러한 재산분할이 민법 제839조의2 제2항의 규정 취지에 따른 상당한 정도를 벗어나는 과대한 것이라고 인정할 만한 특별한 사정이 없는 한 사해행위로서 채권자에 의한 취소의 대상으로 되는 것은 아니고, 다만 상당한 정도를 벗어나는 초과 부분에 한하여 적법한 재산분할이라고 할 수 없어 취소의 대상으로 될 수 있을 것이나, 이처럼 상당한 정도를 벗어나는 과대한 재산분할이라고 볼 특별한 사정이 있다는 점에

---

51) 같은 취지로 곽상민, 앞의 글(주 31), 273-276면.

관한 입증책임은 채권자에게 있다고 보아야 한다.[52] 한편 이혼의
효력발생 여부에 관한 형식주의 아래에서의 이혼신고의 법률상 중
대성에 비추어, 협의이혼에 있어서의 이혼의 의사는 법률상의 부
부관계를 해소하려는 의사를 말한다 할 것이므로, 일시적으로나마
그 법률상의 부부관계를 해소하려는 당사자간의 합의하에 협의이
혼신고가 된 이상, 그 협의이혼에 다른 목적이 있다 하더라도 양자
간에 이혼의 의사가 없다고는 할 수 없고 따라서 그 협의이혼은 무
효로 되지 아니한다."

4. 대상판결의 의의

종전에 실질과세의 원칙에서의 '실질'의 의미와 관련하여 법원
은 법적 실질설에 가까운 입장을 보이다가, 대법원 2012.1.19. 선
고 2008두8499 전원합의체 판결을 계기로 경제적 실질설, 특히 절
충설의 입장을 따르는 것으로 사실상 그 내용을 변경한 것으로 평
가되고 있다. 다만 그럼에도 이러한 경제적 실질설이 어느 범위까
지 관철될 것인지는 분명하지 않았고 이후의 대법원의 태도에 관
심이 집중되어 있던 상황이었다. 대상판결은 이혼 후에도 사실혼
관계를 유지하고 있는 부부 사이에 있었던 재산분할의 문제와 관
련해서 이러한 경제적 실질설이 적용되어 증여세를 부과하는 것이
적법한지를 밝힌 최초의 판결이라고 할 수 있다. 결론적으로 판례
는 경제적 실질에 따른 판단보다는, 예외적인 사유가 없는 한 가장
이혼의 효력이 원칙적으로 유효하다고 본 종전의 판시를 유지하면
서, 유효한 이혼을 전제로 한 재산분할은 원칙적으로 증여세의 부

---

52) 과거에도 대법원 2000.7.28. 선고 2000다14101 판결, 대법원 2006.9.14.
　　선고 2006다33258 판결 등이 같은 취지의 판시를 하고 있었다.

과대상이 되지 않고 단지 그러한 재산분할이 상당하다고 할 수 없을 정도로 과대하고 상속세나 증여세 등 조세를 회피하기 위한 수단에 불과하여 그 실질이 증여라고 평가할 만한 특별한 사정이 있는 경우에는 상당한 부분을 초과하는 부분에 한하여 증여세 과세 대상이 될 수 있다는 취지를 밝히고 있다. 이는 법적 실질설에 가까운 입장으로 평가되기도 하는데, 다만 청산 및 부양을 그 내용으로 하는 재산분할의 특수성 등에 비추어 보면, 경제적 실질에 따라 판단하더라도 이와 같은 재산분할은 상당한 범위를 초과하여 이루어졌다는 사정이 없는 한 증여로 평가되어서는 안 될 것이다. 이러한 측면에서 대상판결의 태도는 적절한 것으로 생각된다.

참고문헌

김주수 · 김상용, 친족상속법(제14판), 법문사, 2017.

김주수 · 김상용 대표집필, 주석민법(제5판), 친족(2), 한국사법행정학
회, 2016.

박동섭, 친족상속법(제4판), 박영사, 2013.

박병호, 가족법, 한국방송대학교출판부, 1991.

송덕수, 친족상속법(제3판), 박영사, 2017.

오시영, 친족상속법(제2판), 학현사, 2011.

윤진수, 친족상속법강의(제2판), 박영사, 2018.

윤진수 대표집필/윤진수 집필부분, 주해친족법, 제1권, 박영사, 2015.

이경희, 가족법(8정판), 법원사, 2013.

최금숙, 로스쿨 친족법(Ⅱ. 약혼 · 혼인 · 이혼편), 제일법규, 2010.

곽상민, "위장이혼에 대한 실질과세원칙의 적용 가능성에 대한 연구", 세
무와 회계 연구, 제7권 제1호, 한국세무사회, 2018.

권순한, "혼인의사와 혼인신고", 가족법연구 제13호, 한국가족법학회,
1999.

권재문, "가장이혼으로 인한 재산분할과 사해행위 취소", 법조 66권 3호,
법조협회, 2017.6.

김민규, "이혼실태와 가장이혼의 법리", 아세아여성법학 4호, 아세아여
성법학연구소, 2001.

송동진 · 전병욱, "실질과세원칙과 거래의 재구성", 조세법연구 제19권
제1호, 한국세법학회, 2013.

이화숙, "가족법상 법률행위에 있어 의사와 신고", 『가족, 사회와 가족

법』, 세창출판사, 2012.

장석조, "조세법상 실질과세원칙의 적용한계", 사법논집 제33집, 법원도
서관, 2001.

정지선, "이혼시 재산분할 관련 과세문제에 관한 연구", 조세와 법 제3
권, 서울시립대학교 법학연구소, 2010.

조미경, "혼인의사와 신고", 가족법연구 제10호, 한국가족법학회, 1996.

주승연, "이혼과 실질과세의 원칙", 경희법학 제52권 제4호, 경희대학교
법학연구소, 2017.

최성근, "실질과세원칙에 관한 법리의 규정에 대한 분석 및 평가", 조세
법연구 제19권 제2호., 한국세법학회, 2013.

황남석, "실질과세원칙의 적용과 관련된 최근 판례의 동향 및 쟁점", 조
세법연구 제23권 제1호, 한국세법학회, 2017.

김완석, "이혼 후에 사실상 혼인관계를 유지한 경우 1세대 1주택 비과세
여부의 판단—대법원 2017.9.7. 선고 2016두35083 판결", SAMILi.
com, 2017.11.6.자.

박상근, "이혼 후 사실혼 관계인 배우자의 동일세대 여부", 조세일보,
2017.9.27.자.

한정후견과 임의후견

—대법원 2017.6.1.자 2017스515 결정—

배인구*

Ⅰ. 사실관계

사건본인이 고령으로 인지능력에 제약이 있어 성년후견 개시 심판이 청구되었고 1심 법원은 2016.8.29. 사건본인에 대하여 한정후견을 개시하는 심판을 하였다. 그러자 사건본인이 이에 항고하면서 항고심 계속 중인 2016.11.24. 후견계약을 체결하고, 2016.12.26. 후견계약 등기를 마쳤다. 사건본인의 대리인은 2016.12.28. 가정법원에 임의후견감독인 선임심판을 청구하고, 항고심 재판부에 법정후견에 대한 임의후견의 우선적 지위를 인정한 민법 제959조의20의 규정취지에 비추어 임의후견감독인 선임청구에 관한 심판이 있을 때까지 항고심의 심리가 중단되어야 한다고 주장하였다.

---

* 법무법인 로고스 변호사.

Ⅱ. 원심 결정

원심법원은 후견계약이 등기되어 있는 경우에도 가정법원은 본인의 이익을 위하여 특별히 필요한 때에는 법정후견의 심판을 할 수 있고(민법 제959조의20 제1항), 법정후견 개시 후 임의후견감독인 선임청구가 있는 경우에도 법정후견의 계속이 본인의 이익을 위하여 특별히 필요하다고 인정하면 가정법원은 임의후견감독인을 선임하지 아니할 수 있다는 점(민법 제959조의20 제2항)에 비추어 임의후견감독인 선임청구사실은 법정후견 개시 사건의 심리 및 심판에 장애사유가 되지 않는다고 판단하였다. 또한 이 사건에서는 사건본인의 이익을 위하여 법정후견 심판이 특별히 필요하다고 인정하고 항고를 기각하였다. 사건본인은 위 결정에 대해 재항고하였고, 대법원은 다음과 같이 판시하면서 재항고를 기각하였다.

Ⅲ. 대법원 결정의 요지

가. 민법 제959조의20 제1항은 "후견계약이 등기되어 있는 경우에는 가정법원은 본인의 이익을 위하여 특별히 필요할 때에만 임의후견인 또는 임의후견감독인의 청구에 의하여 성년후견, 한정후견 또는 특정후견의 심판을 할 수 있다. 이 경우 후견계약은 본인이 성년후견 또는 한정후견 개시의 심판을 받은 때 종료된다."라고 규정하고, 같은 조 제2항은 "본인이 피성년후견인, 피한정후견인 또는 피특정후견인인 경우에 가정법원은 임의후견감독인을 선임함에 있어서 종전의 성년후견, 한정후견 또는 특정후견의 종료 심

판을 하여야 한다. 다만 성년후견 또는 한정후견 조치의 계속이 본인의 이익을 위하여 특별히 필요하다고 인정하면 가정법원은 임의후견감독인을 선임하지 아니한다."라고 규정하고 있다. 이와 같은 민법 규정은 후견계약이 등기된 경우에는 사적 자치의 원칙에 따라 본인의 의사를 존중하여 후견계약을 우선하도록 하고, 예외적으로 본인의 이익을 위하여 특별히 필요할 때에 한하여 법정후견에 의할 수 있도록 한 것으로서, 민법 제959조의20 제1항에서 후견계약의 등기 시점에 특별한 제한을 두지 않고 있고, 같은 조 제2항 본문이 본인에 대해 이미 한정후견이 개시된 경우에는 임의후견감독인을 선임하면서 종전 한정후견의 종료 심판을 하도록 한 점 등에 비추어 보면, 위 제1항은 본인에 대해 한정후견개시심판 청구가 제기된 후 심판이 확정되기 전에 후견계약이 등기된 경우에도 적용이 있다고 보아야 하므로, 그와 같은 경우 가정법원은 본인의 이익을 위하여 특별히 필요하다고 인정할 때에만 한정후견개시심판을 할 수 있다.

　나. 위 규정에서 정하는 후견계약의 등기에 불구하고 한정후견 등의 심판을 할 수 있는 '본인의 이익을 위하여 특별히 필요할 때'란 후견계약의 내용, 후견계약에서 정한 임의후견인이 임무에 적합하지 아니한 사유가 있는지, 본인의 정신적 제약의 정도, 기타 후견계약과 본인을 둘러싼 제반 사정 등을 종합하여, 후견계약에 따른 후견이 본인의 보호에 충분하지 아니하여 법정후견에 의한 보호가 필요하다고 인정되는 경우를 말한다.

IV. 해 설

1. 대상결정의 논점

2013년 7월 1일부터 시행된 개정민법이 도입한 성년후견제도에는 법정후견과 함께 법정후견을 대체할 수 있는 임의후견(후견계약)이 있다. 그런데 본인이 후견계약을 체결하였음에도 이와 별개로 법정후견 절차가 진행될 수 있다. 특히 후견계약은 한정후견과 비슷하게[1] 질병, 장애, 노령 그 밖의 사유로 인한 정신적 제약으로 사무를 처리할 능력이 부족한 상황에 있음을 요건으로 하기에[2] 사건본인에게 후견 개시의 필요성이 한정후견과 동시에 후견계약과 일치할 수도 있다. 하지만 민법은 성년후견 또는 한정후견이 개시되면 임의후견은 종료하도록 하여 임의후견과 성년후견 또는 한정후견과의 양립을 인정하지 않는다. 이때 후견계약 체결을 통하여 표시된 본인의 의사(임의후견)와 본인의 이익에 관한 법원의 판단(법정후견) 가운데 무엇이 우선하는지가 문제 된다. 이는 본인에게 정신적 제약이 있음에도 그의 자율적 판단을 존중할 것인가, 혹은 합리적인 제3자의 후견적 개입을 허락할 것인가 하는 문제이기도 하다.[3] 대상결정은 이 문제에 대해 민법이 정한 법정후견의 보충

---

1) 한정후견의 이용대상에 대하여 민법 제12조는 "질병, 장애, 노령, 그 밖의 사유로 인한 정신적 제약으로 사무를 처리할 능력이 부족한 사람"이라고 규정하고 있다.

2) 그러나 한정후견의 대상은 지속적인 정신적 제약을 가진 사람이지만, 후견계약은 위와 같은 지속성을 전제로 하지 않는 점에서 한정후견과 다르고, 또 장래 상황에 대비하여서도 체결할 수 있다는 특징이 있다.

3) 권영준, "2017년 민법 판례 동향", 서울대학교 법학 제59권 제1호(2018.3),

성 문제를 정면으로 다루고 있다.

2. 이론적 검토

가. 후견계약의 의의와 종류
1) 후견계약의 의의
후견계약은 정신적 제약으로 사무를 처리할 능력이 부족한 상황에 있거나 부족하게 될 상황에 대비하여 자신의 재산관리 및 신상보호에 관한 사무의 전부 또는 일부를 다른 자에게 위탁하고 그 위탁사무에 관하여 대리권을 수여하는 것이다(제959조의14 제1항). 민법은 후견계약을 공정증서로 작성하고(제959조의14 제2항), 등기하도록 정하였다(제959조15 제1항 참조). 그리고 후견계약을 체결하고 바로 등기를 하거나, 후견계약을 체결한 당사자들이 계약 내용으로 특정한 시점에 계약의 효력이 발생하도록 정하였고 그 시점이 도래하였다고 하여 바로 후견계약의 효력이 발생하는 것이 아니라 가정법원이 임의후견감독인을 선임한 때 비로소 후견계약의 효력이 발생한다(제959조의14 제3항).

후견계약은 성년후견제도 중에서 사적 자치의 이념을 가장 잘 실현하는 제도이고, 후견을 필요로 하는 사람이 자신에게 가장 적합한 보호조치를 스스로 설계할 수 있어 성년후견제도의 변화 방향을 잘 반영한 제도이다. 이 점에서 임의후견은 성년후견법 개정의 계기가 된 UN 장애인권리협약의 취지를 가장 잘 살린 제도로 평가된다.[4]

536면.
4) 김수정, "임의후견에서 본인의 자기결정권과 법원의 감독", 가족법연구 31권 2호(2017.7), 200면.

2) 후견계약의 종류

강학상 후견계약을 '이행형', '즉효형', '장래형'으로 구분하기도
한다.[5]

① 이행형은 통상적인 대리의 위임계약을 후견계약과 동시에 체
결하고 처음에는 위임계약을 통해 재산관리 등을 하고 이후 본인
의 판단능력이 저하된 경우에는 임의후견으로 이행하여 후견사무
를 처리하는 형태이다. 조금 더 세분하면 후견계약과 위임계약 체
결, 위임계약에 따른 사무의 개시, 판단능력의 저하, 임의후견감독
인 선임의 신청, 후견계약의 효력발생의 순서로 진행된다.[6]

② 즉효형은 이미 보호가 필요한 정신적 제약이 있는 상태에서
임의후견계약의 체결과 동시에 임의후견감독인 선임을 청구하여
곧바로 임의후견에 의한 보호를 시작하는 유형이다. 본인의 판단
능력이 불충분한 상황에 있다고 판단하여 가정법원에 임의후견감
독인의 선임신청이 계약체결 직후에 이루어지기 때문에 즉효형이
라 칭한다.[7] 즉효형은 판단능력이 부족하여 타인의 조력이 필요한
상태에 있는 자가 법정후견보다 후견계약이 바람직하다고 하여 후
견계약을 선택하고 계약체결 직후에 계약의 효력을 발생시킬 필요
가 있는 경우 등에 이용될 수 있다.[8]

③ 장래형은 향후 자신의 판단능력이 악화되었을 경우에 대비하
는 것을 목적으로 하여 후견계약을 미리 체결하되 계약의 효력은
장래에 임의후견감독인을 선임함으로써 발생하도록 하는 유형이

---

5) 이와 달리 기본형, 즉효형, 전환형으로 부르기도 한다. 박득배, "후견계약
    제도에 관한 연구", 한양대학교 박사학위논문, 2014, 60면 이하.
6) 박태신, "개정민법상의 후견계약에 관한 연구", 변호사 44집, 2013, 153면.
7) 박태신(주6), 155면.
8) 박태신(주6), 155면.

다. 즉 장래를 대비하여 후견계약을 체결하고, 판단능력이 저하되면 임의후견감독인선임을 신청하고 후견을 개시하도록 하는 것이다.

그런데 앞서 언급한 바와 같이 민법은 당사자가 어떠한 유형의 후견계약을 체결하든, 특히 임의후견감독인 선임을 신청할 수 있는 시기를 당사자들이 후견계약의 내용에 정한다고 하더라도 임의후견의 효력은 가정법원이 임의후견감독인을 선임함으로써 발생하도록 설계하였다.

나. 법정후견의 보충성
1) 의 의

자신의 사무는 자신이 가장 잘 배려할 수 있기 때문에 본인이 후견계약을 체결하였다면 임의후견을 하겠다는 의사를 표시한 것이다. 피후견인이 스스로 자신에게 가장 적합한 보호조치를 설계하여 후견내용을 결정할 수 있다면 후견계약의 기본원칙인 본인의사 존중의 원칙과 사적 자치의 원칙에 부합하고 자기결정권을 가장 잘 실현할 수 있는 방법이 될 것이다.[9] 따라서 후견을 통해 보호를 받고자 하는 사람이 스스로 후견인을 선임하고 후견사항을 정하여 장래 자신의 후견문제에 대비하였다면 임의후견을 법정후견으로 변경하는 것은 본인의 의사에 반할 수 있고, 성년후견제도의 이념에 부합하지 않는다. 민법 제959조의20은 후견계약이 등기되어 있는 경우 가정법원은 원칙적으로 법정후견을 개시하지 않는다는 것을 명시하고 있다. 이것을 법정후견의 보충성이라 한다.

---

9) 박득배(주5), 48면.

2) '후견계약이 등기되어 있는 경우'의 의미

후견계약이 등기되어 있지 않으면 가정법원은 후견계약의 존재를 알 수 없다. 하지만 후견계약이 등기되어 있다면 임의후견감독인이 선임되지 않았다고 하더라도 법정후견의 보충성 원칙은 적용되어야 할 것이다.

따라서 후견계약이 등기되어 있는 경우에는 가정법원은 본인의 이익을 위하여 특별히 필요한 경우에 한하여 임의후견인 또는 임의후견감독인의 청구에 의해 법정후견의 심판을 할 수 있다(민법 제959조의20 제1항).

후견계약이 존재한다면 원칙적으로 법정후견이 개시될 수 없으나 피후견인의 보호가 후견계약에 의해서는 불충분한 예외적인 상황이 발생할 수 있기 때문에 보충성의 원칙에 대한 예외를 규정하고 있는 것이다.

즉, 임의후견이 우선하는 것을 원칙으로 삼되, 본인의 이익을 위해 법정후견의 개시를 인정하는 예외를 둔 것이다. 본인의 의사를 존중하고 자기결정권을 보장하는 후견제도의 이념을 생각하면, 원칙적으로 임의후견이 우선해야 할 것이다.

이 원칙은 후견계약이 등기된 후 법정후견개시 심판이 청구된 경우에만 적용되는 것이 아니다. 이 사건에서는 1심에서 한정후견 개시 결정이 있자 항고심에서 후견계약을 체결하고 등기를 마쳤다. 이와 같이 법정후견 개시 심판이 먼저 이루어지고 (그 확정 전에) 후견계약이 체결한 때에는 원칙적으로 법정후견이 우선되어야 하는지, 또는 이 경우에도 후견계약이 우선해야 하는지 의문이 있을 수 있다. 대상결정은 민법 제959조의20 규정에 비추어 보면 후견계약이 등기된 후 법정후견개시 심판절차가 진행된 경우뿐만 아니라 본인에 대해 법정후견 개시심판 청구가 제기된 후 그 심판이 확정되기 전에 후견계약이 등기된 경우에도 그 적용이 있다고 판단하였다. 특히 이 사건에서는 뒤늦게 체결된 후견계약과 후견 등기의 경료가 법정후견개시 결정을 지연하려는 의도가 아닌지 문제되었음에도 대상결정은 이와 같은 경우에도 법정후견의 보충성 원칙이 적용됨을 명시적으로 밝혔다. 즉 법정후견 사건의 심리 중에도 후견계약과 후견등기가 이루어질 수 있고, 임의후견감독인까지 선임되어 임의후견이 개시되면 임의후견이 우선한다. 다만 후견제도는 본인의 이익을 보호하기 위한 것이므로 법정후견이 본인의 이익을 위하여 특별히 필요한 예외적인 경우에는 법정후견이 우선하여 인정될 수 있는 길도 열어 놓아야 한다. 따라서 이러한 예외적인 경우에는 법정후견 사건을 담당한 법원은 후견등기의 존재에도 불구하고 법정후견을 개시할 수 있도록 하였다.[10]

3) 본인의 이익을 위하여 특별히 필요할 때

후견계약이 등기된 경우 가정법원은 본인의 의사와 자기결정권을 최대한 존중하여 원칙적으로 법정후견은 개시하지 않는다. 하지만 본인의 복리를 고려할 때 임의후견에 의한 보호보다 법정후견에 의한 보호가 요청되는 경우에는 가정법원은 본인의 이익을 위하여 법정후견을 개시하는 심판을 할 수 있고, 이미 개시한 법정후견을 유지하기 위해 임의후견감독인을 선임하지 않는다. 이 경우 특별한 사정이 없는 한 후견계약은 효력을 발생하지 못하여 종료될 것이다.

제959조의20 제1항은 '본인의 이익을 위하여 특별히 필요할 때'

---

10) 권영준(주3), 537면.

라고 규정하고 있는데 이는 임의후견만으로는 본인 보호에 불충분하거나 공백이 있거나 미흡하여 법정후견에 의한 보호의 필요성이 있는 경우이다. 대상 결정이 있기 전까지 민법이 정한 본인의 이익을 위한 특별한 경우란 본인의 상태가 후견계약을 체결할 때 예상했던 것보다 악화되어 그 계약내용만으로는 보호가 불충분하고 더욱 강력한 형태의 후견이 필요한 경우, 후견계약에 따른 임의후견인의 권한이 본인을 충실하게 보호하지 못하거나, 임의후견인이 후견사무를 처리함에 있어서 불성실하거나 현저한 직무태만 등을 이유로 해임된 경우, 후견계약체결 이후 임의후견인에게 결격사유가 발생한 경우 등 후견계약의 존재에도 불구하고 실질적인 직무수행이 불가능하여 피후견인의 보호가 어려운 경우 등이 해당된다 (민법 제959조의17 제1항 참조)고 해석되어 왔다.[11]

대상 결정은 그 의미를 보다 구체화하였다. 즉 "후견계약의 등기에 불구하고 한정후견 등의 심판을 할 수 있는 '본인의 이익을 위하여 특별히 필요한 때'란 후견계약의 내용, 후견계약에서 정한 임의후견인이 임무에 적합하지 아니한 사유가 있는지, 본인의 정신적 제약의 정도, 기타 후견계약과 본인을 둘러싼 제반 사정 등을 종합하여, 후견계약에 따른 후견이 본인의 보호에 충분하지 아니하여 법정후견에 의한 보호가 필요하다고 인정되는 경우를 말한다."고 판시하여 법원의 후견적 개입이 정당화되는 기준을 구체적으로 제시한 것이다.

---

11) 권영준(주3), 537면; 박득배(주5), 114면.

4) 임의후견의 남용가능성

가정법원은 피후견인 본인의 의사를 존중하고 그 밖에 여러 사정을 종합적으로 고려하여 법정후견인을 선임하는데(제936조 제4항, 제959조의3 제2항), 법정후견 개시 전에는 후견계약에 대해 아무런 고려도 하지 않고 있다가 법정후견 사건의 심리진행 중에 비로소 후견계약을 체결하여 등기하고 임의후견감독인 선임청구를 하는 것은 가정법원의 적절한 법정후견인 선임을 방해하고 심리절차를 지연시키는 수단으로 남용 또는 악용될 수도 있다. 즉, 법정후견개시 심판 사건에서 이미 심리가 충분히 진행되었음에도 후견계약을 체결하여 등기하고 임의후견감독인 선임청구를 하는 경우에 무조건 법정후견심판절차가 중단된다고 하면 임의후견제도는 법정후견을 회피하기 위한 수단으로 악용될 수 있다. 보호가 필요한 피후견인의 자기결정권의 존중을 중시하여 임의후견의 정당성을 높이 평가하더라도 임의후견이 법정후견절차를 방해하고 지연하는 수단으로 남용되도록 하여서는 안 될 것이다.

5) 효 과

후견계약이 등기되어 있는 본인에게 법정후견 심판절차가 진행 중인 경우에 임의후견으로의 변경은 원칙적으로 가능하다. 이 경우 법원은 임의후견감독인을 선임하고 법정후견의 종료심판을 하여야 한다. 앞서 본 바와 같이 본인의 의사에 근거한 임의후견이 법정후견보다 우선하는 것이 바람직하고 이것은 본인이 법정후견 상태에 있다고 하더라도 마찬가지이기 때문이다.

다만 모든 경우에 법정후견으로의 변경이나 법정후견개시가 제한되는 것이 아니라 가정법원은 법정후견이 계속되거나 법정후견의 개시가 본인의 이익을 위하여 특별히 필요하다고 인정되는 경우에는 법정후견을 개시하는 심판을 할 수 있다. 이와 같이 후견계약이 존재함에도 법원이 법정후견을 개시하는 심판을 하면 후견계약은 종료한다. 다만 강학상 장래형 후견계약을 체결하고 후견계약이 등기되어 있지만 아직 조건이 성취되지 않아 임의후견감독인이 선임되지 않은 경우라면 그러하지 않다고 해석된다.

3. 대상 결정의 의의

대상결정은 피후견인의 자기결정권이 최대한 존중되어야 한다는 성년후견제도의 이념에 따라 후견계약이 법정후견보다 우선되어야 한다는 법정후견의 보충성원칙에 대해 최초로 판시하였고, 위 원칙은 법정후견절차가 진행되고 있는 도중에 후견계약이 체결된 경우에도 적용된다는 점을 명시하였다. 나아가 후견계약의 등기에도 불구하고 한정후견을 개시하는 것이 본인의 이익을 위하여 특별히 필요한 사정이 있는 경우를 구체적으로 제시하였다는 점에서 의의가 있다.

참고문헌

구상엽, "개정민법상 성년후견제도에 관한 연구", 서울대학교 박사학위
　　논문, 2012.

권영준, "2017년 민법 판례 동향", 서울대학교 법학 제59권 제1호, 2018.
　　3.

김수정, "임의후견에서 본인의 자기결정권과 법원의 감독", 가족법연구
　　제31권 2호, 2017.7.

박득배, "후견계약제도에 관한 연구", 한양대학교 박사학위논문, 2014.

박태신, "개정민법상의 후견계약에 관한 연구", 변호사 44집, 2013.

엄덕수, "임의후견의 법리와 그 실무상 문제점", 법무연구 4권, 2014.4.

윤진수·현소혜, "2013년 개정민법해설", 법무부, 2013.

제철웅, "개정 민법상의 후견계약의 특징, 문제점, 그리고 개선방향: 후
　　견대체제도의 관점을 중심으로", 민사법학 제66호, 2014.3.

최현태, "임의후견계약의 문제점과 법정책적 제언", 법학논고 제44집,
　　2013.11.

성년 자녀에 대한 부양의 범위와 한계
─대법원 2017.8.25.자 2017스5 결정─

엄경천*

I. 사실관계[1]

재항고인(이하 '청구인'이라 한다)은 미국 뉴욕주 소재 사립대학교에 재학 중인 성년의 자녀인데 자력으로 또는 근로에 의하여 생활을 할 수 없는 경우에 해당한다고 주장하며 아버지인 상대방을 상대로 유학비용 상당의 부양료 지급을 청구하였다. 상대방은 의사이고 청구인의 어머니(상대방의 처)는 상대방과 별거하고 있었다.

---

* 한국가족법연구소 변호사.
1) 이 사건 청구인의 어머니가 그 남편(이 사건 상대방)을 상대로 부양료와 부부 공동생활비용을 청구한 사건의 재항고심이 대법원 2017.8.25.자 2014스26 결정이다. 위 2014스26 결정의 원심(대구가정법원 2013.12.19.자 2013브34 결정)은 남편(이 사건 청구인의 아버지, 이 사건 상대방)이 처(이 사건 청구인의 어머니)에게 지급해야 할 사건본인(미성년자였던 이 사건 청구인)의 양육비(부양료)를 월 2,000,000원으로 정하였고, 재항고가 기각되어 원심이 확정되었다.

청구인의 형(상대방의 큰 아들)도 외국 소재 대학교에서 유학을 하였다.

II. 원심[2] 결정: 대구가정법원 2016.12.26.자 2016브48 결정

원심은 청구인이 상대방의 반대에도 불구하고 미국 유학을 추진한 점 등 사정을 들어, 청구인의 나이 및 건강상태, 학력, 청구인이 구하는 부양료의 내용과 액수 등 제반 사정에 비추어 청구인이 자력 또는 근로에 의하여 생활을 유지할 수 없는 경우에 해당하지 않는다고 보아, 청구인의 위 부양료 청구를 배척하였다.

III. 대법원 결정

1. 원심 결정에 대하여 청구인이 재항고를 하였으나, 대법원은 다음과 같은 이유로 재항고를 기각하였다.

2. 민법 제826조 제1항[3]에서 규정하는 미성년 자녀의 양육·교

---

2) 이 사건은 가사사건으로 원심과 제1심의 재판서를 열람하는 것이 어려워 사실관계나 원심 결정을 파악하지 못한 상태에서 대법원 종합법률정보에 등록된 대법원 판결만 검토하였다. 가사사건이라도 개인정보 보호와 조화를 이루는 범위에서 재판서에 대한 학술목적의 열람이 허용될 수 있기를 바란다.

3) 이하 법명(法名)의 표시 없이 인용하는 조문은 '민법'의 조문을 뜻하고, 조문의 표시도 '제826조 제1항'을 '826조 1항'과 같이 줄여 쓴다. 다만, 판결이

육 등을 포함한 부부간 상호부양의무는 혼인관계의 본질적 의무로
서 부양을 받을 자의 생활을 부양의무자의 생활과 같은 정도로 보
장하여 부부공동생활의 유지를 가능하게 하는 것을 내용으로 하는
제1차 부양의무이고, 반면 부모가 성년의 자녀에 대하여 직계혈족
으로서 민법 제974조 제1호, 제975조에 따라 부담하는 부양의무는
부양의무자가 자기의 사회적 지위에 상응하는 생활을 하면서 생활
에 여유가 있음을 전제로 하여 부양을 받을 자가 자력 또는 근로에
의하여 생활을 유지할 수 없는 경우에 한하여 그의 생활을 지원하
는 것을 내용으로 하는 제2차 부양의무이다(대법원 2012.12.27. 선
고 2011다96932 판결, 대법원 2013.8.30.자 2013스96 결정 등 참조). 따
라서 성년의 자녀는 요부양상태, 즉 객관적으로 보아 생활비 수요
가 자기의 자력 또는 근로에 의하여 충당할 수 없는 곤궁한 상태인
경우에 한하여, 부모를 상대로 그 부모가 부양할 수 있을 한도 내
에서 생활부조로서 생활필요비에 해당하는 부양료를 청구할 수 있
을 뿐이다.

  3. 나아가 이러한 부양료는 부양을 받을 자의 생활정도와 부양
의무자의 자력 기타 제반 사정을 참작하여 부양을 받을 자의 통상
적인 생활에 필요한 비용의 범위로 한정됨이 원칙이므로, 특별한
사정이 없는 한 통상적인 생활필요비라고 보기 어려운 유학비용의
충당을 위해 성년의 자녀가 부모를 상대로 부양료를 청구할 수는
없다고 할 것이다.

  나 결정을 그대로 인용할 때에는 법명을 표시하고 조문의 표시도 줄이지
않는다.

IV. 해 설

1. 대상 결정의 논점

대상 결정은 부모의 자녀에 대한 부양의무의 근거 규정을 무엇으로 볼 것인가, 성년 자녀와 미성년 자녀의 부양의무 근거 규정을 달리 볼 것인가, 부모의 자녀에 대한 부양의무의 근거를 민법 974조 1호로 볼 경우 미성년 자녀에 대한 부양의무와 성년 자녀에 대한 부양의무를 구별하는 기준은 무엇인지, 성년 자녀의 교육비를 지원하는 것이 부양의무의 범위에 포함되는지, 성년 자녀의 교육비가 부부 공동생활비용에 포함되는지 및 부부간에 성년 자녀의 교육비에 대하여 상환청구를 할 수 있는지가 문제된다.

2. 부모의 자녀에 대한 부양의무의 법적 근거

가. 학 설

(1) 종래 부모의 자녀에 대한 부양의무에 대하여는 미성년 자녀와 성년 자녀를 나누는 견해[4]가 지배적이었다. 최근에는 미성년 자녀와 성년 자녀의 부양의무의 근거를 통일적으로 파악해야 한다는 견해[5]가 매우 유력하다.

---

4) 한봉희, 가족법, 336; 김주수 · 김상용, 친족 · 상속법, 578; 신영호 · 김상훈, 가족법강의, 265; 이경희, 339; 윤진수, 친족상속법강의, 259; 정민호, 가족법상 부양의무와 사회보장법상 부양의무의 준별론, 132-135.

5) 김형석, 양육비청구권을 자동채권으로 하는 상계—부양청구권의 법적 성질과 관련하여, 242; 이동진, 부모 일방의 타방에 대한 과거의 양육비 상환청구와 소멸시효, 142; 이경희, 자에 대한 부모의 부양의무의 법적근거,

(2) 성년 자녀에 대한 부양의무의 근거를 974조 1호로 보는 것에는 견해가 일치한다. 그러나 미성년 자녀의 부양의무의 근거에 대하여는 견해가 나뉜다. ① 미성년 자녀에 대한 부양은 부부간의 부양과 동일하다고 보면서 826조 1항 부부간의 부양의무가 근거라는 견해,6) ② 친권자는 자를 보호하고 교양할 권리의무가 있다는 913조를 근거로 보는 견해,7) ③ 민법에 근거 규정이 없다는 견해,8) ④ 직계혈족간 부양의무를 규정한 974조 1호라는 견해9) 등이 있다.

(3) 미성년 자녀에 대한 부양의무의 근거가 974조 1호라는 견해를 제외한 나머지 견해는 모두 부양의무를 1차적 부양의무(생활유지의무)와 2차적 부양의무(생할부조의무)로 나누고 있다. 이런 견해는 일본10)에서 나카가와 젠노스케(中川善之助)에 의하여 제창된 이래 한때 일본과 우리나라에서 지배적인 견해처럼 보였다(이른바 부양이분론, 二原型論). 나카가와 젠노스케가 이런 주장을 한 배경은

208; 윤진수, 친족상속법강의 260.

6) 이른바 부양이분론[二原型論]에 따르는 견해는 부모의 미성년자녀에 대한 부양의무의 법적 근거에 대하여 입법의 불비라고 하면서도 826조 1항을 언급하고 있으나 이것이 법적 근거가 되는지에 대하여 명확히 밝히지 않고 있다.

7) 한봉희, 가족법, 336; 이경희, 가족법, 339; 신영호 · 김상훈, 가족법강의, 266; 윤진수 편집대표, 주해친족법 제2권, 1467(최준규 집필부분)에서 '친권자의 부양의무는 913조를 근거로 삼을 수 있다.'고 설명하고 있다.

8) 김주수 · 김상용, 친족 · 상속법, 579.

9) 김형석, 양육비청구권을 자동채권으로 하는 상계 — 부양청구권의 법적 성질과 관련하여, 242; 이동진, 부모 일방의 타방에 대한 과거의 양육비 상환청구와 소멸시효, 142; 이경희, 자에 대한 부모의 부양의무의 법적근거, 208.

10) 일본 민법의 해석론이 외국의 학설이 아니라 마치 우리 민법의 해석론인 것처럼 소개되기도 하는데, 大審院-朝鮮總督府 高等法院 체재가 아닌 현재 상황에서 보면 유감이다.

그 당시의 일본 민법 957조 1항(1947년 개정되기 전의 것)이 직계비
속 및 배우자의 부양을 받을 권리를 직계존속보다 후순위로 규정
하고 있었던 데에서 찾을 수 있다.[11][12] 이에 대하여는 자녀 부양
에 특별한 지위를 인정하는 학설의 배후에는 이른바 부양이분론이
있는데, 이 이론은 오늘날 그 발상지인 일본에서도 비판의 대상이
되고 있는 것으로서 그대로 따를 수 없다는 견해[13]가 유력하다.

나. 실무 및 판례

(1) 법원실무제요는 "민법은 부모와 자녀 사이의 부양에 관하여
는 아무런 규정도 두고 있지 아니한 관계로 그 취급이 문제될 수
있다. 미성년자인 자녀와 부모 사이, 성년에 달하였으나 부양을 요
하는 미성숙 자녀와 부모 사이의 부양관계는 비록 친족 사이의 부
양의 대상에 속한다 하더라도 부부 사이의 부양과 마찬가지로 생
활유지의 부양의무라 할 것이고, 성년인 자녀와 부모 사이의 부양
은 그 외의 친족의 경우와 마찬가지로 생활부조의 부양의무에 속
한다"[14]고 설명하고 있다.

---

11) 임종효, 양육비청구권에 관한 기초 이론 및 실무상 쟁점, 230-231.
12) 현행 일본 민법 877조는 "① 직계혈족 및 형제자매는 서로 부양을 할 의무
　　가 있다. ② 가정재판소는 특별한 사정이 있는 때에는 전항에 규정하는 경
　　우 외에, 3촌 등 내의 친족 간에 있어서도 부양의 의무를 지우게 할 수 있
　　다. ③ 전항의 규정에 의한 심판이 있은 후 사정에 변경이 생긴 때에는 가
　　정재판소는 그 심판을 취소할 수 있다."고 규정하고 있다. 이는 1947년 개
　　정되기 전의 일본 민법 규정과도 다르지만, 현행 우리 민법과도 다르다. 이
　　런 차이를 무시하고 아직까지 일본 민법의 해석론을 마치 우리 민법의 해
　　석론인 것처럼 소개하는 것은 옳지 않다.
13) 이동진, 부모 일방의 타방에 대한 과거의 양육비 상환청구와 소멸시효,
　　142.
14) 법원실무제요 가사[II], 579.

(2) 대법원 1994.5.13.자 92스21 전원합의체 결정은 "부모는 그 소생의 자녀를 공동으로 양육할 책임이 있고, 그 양육에 소요되는 비용도 원칙적으로 부모가 공동으로 부담하여야 하는 것이며, 이는 부모 중 누가 친권을 행사하는 자인지 또 누가 양육권자이고 현실로 양육하고 있는 자인지를 물을 것 없이 친자관계의 본질로부터 발생하는 의무라고 할 것이다."라고 판시하였다.

(3) 대법원 1992.3.31. 선고 90므651, 668(병합) 판결은 '부모가 이혼 후 부(이하, 피청구인)가 미성년 자녀들(이하 청구인)을 양육하기로 하였다가 피청구인이 다른 여자와 재혼하는 과정에서 청구인들의 양육은 그 모가 맡기로 양육에 관한 협정을 변경하면서 피청구인과 청구인들을 대표(대리)하여 청구인 1 사이에 피청구인은 청구인들에게 그가 받는 봉급의 80퍼센트와 700퍼센트의 상여금을 1986.10.18.부터 막내인 청구인 2가 대학을 졸업할 때까지 매월 18.에 지급하기로 하는 합의한 사안'에서 위 합의를 (민법 977조에서 정한) 부양에 관한 협정으로 보고, 피청구인은 그 협정에 따라 부양의무를 이행하여야 한다고 하면서, 부양권리자와 부양의무자 사이의 부양의 방법과 정도에 관하여 당사자 사이에 협정이 이루어지면 당사자 사이에 다시 협의에 의하여 이를 변경하거나, 법원의 심판에 의하여 위 협정이 변경, 취소되지 않는 한 부양의무자는 그 협정에 따른 의무를 이행하여야 하는 것이고, 법원이 그 협정을 변경, 취소하려면 그럴 만한 사정의 변경이 있어야 하는 것이므로, 청구인들이 위 협정의 이행을 구하는 이 사건에 있어서 법원이 임의로 협정의 내용을 가감하여 피청구인의 부양의무를 조절할 수는 없다고 판시하였다. 위 판결은 부모의 미성년 자녀에 대한 부양의무의 법적 근거가 974조 1호라는 점이 전제되었거나, 부양의무의 근거가 974조 1호 이외의 다른 규정이라고 하더라도 975조 내지

979조가 부양에 관한 일반 규정이거나 적어도 유추 적용된다는 점을 확인하였다는 데 의의가 있다.

다. 사 견

(1) 974조 1호는 직계혈족은 서로 부양의무가 있다고 규정하고 있다. 768조는 자기의 직계존속과 직계비속을 직계혈족이라고 규정하고 있다. 문언상으로 보더라도 '직계비속'에서 '미성년 자녀'를 제외할 이유가 없다.[15]

(2) 우리와 법 규정이 다른 외국 민법에 대한 어느 학자(中川善之助)의 해석론을 근거로 민법의 명문 규정과 배치되는 해석을 할 수는 없다. 민법 975조에서 규정한 **"부양을 받을 자가 자기의 자력 또는 근로에 의하여 생활을 유지할 수 없는 경우"**를 합리적으로 해석함으로써 부양의무의 범위를 정할 수 있다. 우리 민법 규정을 체계 정합적으로 해석함으로써 자녀에 대한 부양의무의 범위와 정도를 밝혀야지, 외국의 학설을 무비판적으로 수용하거나 입법론만 제기하는 것은 옳지 않다.

(3) 자녀에 대한 부양의무는 자녀가 성년인지 미성년인지와 관계없이 민법 974조 1호라고 해야 한다.

3. 부모의 미성년 자녀와 성년 자녀에 대한 부양의무의 범위

가. 문제점

(1) 부모가 신체적·정신적 장애 등을 이유로 스스로 생활할 수 없는 성년 자녀에 대하여 부양의무를 부담할 수 있음은 물론이

---

15) 이경희, 자에 대한 부모의 부양의무의 법적근거, 208.

다.16) 이에 대하여는 부모의 자녀에 대한 부양의무의 법적 근거를 무엇으로 보든, 종전 부양이분론[二原型論]에 의하든 그에 대한 비판적인 견해든 큰 차이가 없다.

(2) 대학교육을 받고 있는 미혼의 성년 자녀에 대하여 부양의무자로서 교육비나 생활비 등을 지원이 문제되는 경우가 많다.

나. 종전 지배적인 견해

(1) 종전 지배적인 견해(이른바 부양이분론, 二原型論)는 부모의 미성년 자녀에 대한 부양은 부부간의 부양과 함께 1차적 부양의무이고, 성년 자녀에 대한 부양은 친족 사이의 일반적 부양으로 2차적 부양의무라고 한다. 이 견해에 따르면, 1차적 부양의무란 부부관계 · 친자관계의 현실적 공동생활에 입각하여 당연히 인정되는 것으로서, 부양의무자는 자기의 생활수준을 낮추어서라도 상대방의 생활을 자기와 같은 수준으로 보장해야 하는 것이고, 2차적 부양의무는 자신의 사회적 지위에 맞는 생활수준을 유지하면서 여유가 있을 때 비로소 상대방을 부양할 의무가 인정된다고 한다.17)

(2) 이와 같은 견해에 의하면 자녀가 성년에 달한 경우에는 교육비 상당액을 부양료로 청구할 수 있을지 의문이다. 심지어 민법상 부양의무가 인정되기 어렵고 성년 자녀에 대한 부모의 원조는 증여로 보아 특별수익으로 취급해야 한다는 견해가 가능하다.18)19)

---

16) 윤진수 편집대표, 주해친족법 제2권, 1502(최준규 집필부분); 대법원 1994. 6.2.자 93스11 결정은 유사한 사안에서 이혼하고 성년 자녀를 부양하는 부모 일방이 타방 부모를 상대로 부양료에 대한 상환청구권을 인정하였다.
17) 김주수 · 김상용, 친족 · 상속법, 579.
18) 윤진수 편집대표, 주해친족법 제2권, 1502(최준규 집필부분).
19) 김주수 · 김상용, 친족 · 상속법, 693은 고등교육을 위한 학자금 같은 것도 1008조의 특별수익의 범위에 들어갈 수 있다고 서술하고 있다.

즉, 상속인 중 어떤 자에게만 대학교육이나 외국유학을 시켰다고 할 때에는 특별수익이 되는 증여로 보아야 한다고 설명[20]하기도 한다.

다. 이른바 부양이분론[二原型論]에 비판적인 견해

(1) 최근에는 이른바 부양이분론에 비판적인 견해가 매우 유력하다.[21]

(2) 비판적인 견해는 "부양이분론을 일관하면, 부모에게 자력이 있고 자녀도 대학 교육을 받기 원하며 교육받을 능력이 있음에도 불구하고, 자녀는 일단 대학 교육을 단념해야 하는 상황이 발생할 수 있다"[22]고 한다. 우리나라의 경우 대학 진학률이 매우 높은 점, 미성년 자녀가 대학 교육을 받고 있는 경우 이러한 사정이 양육비 산정 시 고려될 수 있는데 자녀가 성년이 되었다고 해서 돌연 교육비용 부담의무가 사라지는 것이 타당하지 않은 점을 고려하여 성년 자녀의 의사와 능력, 부모의 학력과 자력 등을 종합적으로 참작하여 부양의무를 인정할 여지를 열어 두어야 한다고 지적한다.

라. 판 례

(1) 대법원은 종래 지배적인 견해를 좇아 "민법 제826조 제1항에 규정된 부부 사이의 상호부양의무는 혼인관계의 본질적 의무로서 부양을 받을 자의 생활을 부양의무자의 생활과 같은 정도로 보장하여 부부공동생활의 유지를 가능하게 하는 것을 내용으로 하는

---

20) 곽윤직, 상속법, 109.
21) 이동진, 부모 일방의 타방에 대한 과거의 양육비 상환청구와 소멸시효, 142; 이경희, 자에 대한 부모의 부양의무의 법적근거, 208.
22) 윤진수 편집대표, 주해친족법 제2권, 1502(최준규 집필부분).

제1차 부양의무이고, 반면 부모와 성년의 자녀·그 배우자 사이에 민법 제974조 제1호, 제975조에 따라 부담하는 부양의무는 부양의무자가 자기의 사회적 지위에 상응하는 생활을 하면서 생활에 여유가 있음을 전제로 하여 부양을 받을 자가 자력 또는 근로에 의하여 생활을 유지할 수 없는 경우에 한하여 그의 생활을 지원하는 것을 내용으로 하는 제2차 부양의무이다."라고 판시하고 있다(대법원 2013.8.30.자 2013스96 결정, 대법원 2012.12.27. 선고 2011다96932 판결). 대상 결정도 이와 같은 기존 태도를 확인하고 있다.

(2) 대법원은 미성년 자녀의 부양료와 관련하여 "부양의 정도나 방법은 당사자간에 협정이 없는 한 부양을 받을 자의 생활정도와 부양의무자의 자력 기타 제반사정을 참작하여 정하게 되어 있는바 부양을 받을 자의 연령, 재능, 신분, 지위 등에 따른 교육을 받는데 필요한 비용도 포함된다"고 하면서 "미성년자인 청구인에게 그가 성년에 이를 때까지 교육비를 포함한 부양비 지급을 인정한 원심의 판단은 정당"하다고 판시하였다(대법원 1986.6.10. 선고 86므46 판결).

(3) 판례의 태도를 종합하면, 미성년 자녀의 교육비는 부양료에 포함되지만, 성년에 이른 자녀의 교육비는 부모가 임의로 지급하면 받을 수 있지만(부당이득이 되지 않지만), 특별한 사정이 없는 한 성년 자녀가 부모에게 교육비 상당의 부양료를 청구할 권리는 없다는 것으로 짐작된다.

마. 사 견

(1) 유효한 법률행위를 할 수 있다는 것과 스스로 생활비용을 조달할 수 있다는 것이 반드시 일치해야 하는 것인가? 자녀(직계비속)에 대한 부양의무는 성년에 도달하는 그 시점을 기준으로 획일적

으로 결정할 성격의 것이 아니다. 민법 974조 3호는 '직계혈족이 아닌 친족'이더라도 생계를 같이 하는 경우에는 부양의무가 있다고 규정하는 것과도 균형이 맞지 않는다. 민사상(가족법상) 부양의무의 범위를 정하는 데 선거권의 유무를 정하는 것처럼 만 18세 12개월과 만 19세 1개월을 획일적으로 구분할 수는 없다. 자녀의 생일에 따라 대학생이 되는 해의 생일을 기준으로 부양의무의 범위가 획일적으로 달라지는 것은 현실과도 맞지 않는다. 장애인이 유효한 법률행위를 할 수 있지만 스스로 생활비용을 조달할 수 없는 경우가 있다. 미성년자는 유효한 법률행위를 단독으로 할 수 없더라도 성년에 근접한 미성년자 중에는 스스로 생활비용을 조달할 수 있는 경우도 있다.[23]

　(2) 부양의무의 범위를 ① 직계혈족과 그 배우자간, ② 생계를 같이 하는 기타 친족으로 정한 점을 고려하여 민법 975조에서 규정한 "부양을 받을 자가 자기의 자력 또는 근로에 의하여 생활을 유지할 수 없는 경우"를 지나치게 제한적으로 해석할 필요는 없을 것이다. ㉮ 생계를 같이 하는 4촌 처남 또는 생계를 같이 하는 4촌 시누이, ㉯ 생계를 같이 하는 아버지의 7촌 조카(자신의 8촌 동생) 또는 생계를 같이 하는 어머니의 7촌 이모(자신의 8촌 이모 할머니)를 만 19세 갓 지난 대학생 자녀와 부양의무의 정도가 같다는 것은 사회통념상 수긍하기 어렵다. 그렇다고 이런 이유 때문에 미성년 자녀에 대한 부양의무의 법적 근거를 민법 974조 1호가 아닌 다른 것에서 찾으려는 것도 민법 명문의 규정에 반하므로 부당하다.

　(3) 975조에서 정한 '부양을 받을 자가 자기의 자력 또는 근로에

---

23) 같은 취지에서 투표권은 반드시 성년자에게만 부여되어야 하는 것은 아니다. 정치적 의사결정을 하는 것과 민사상 유효한 법률행위를 단독으로 할 수 있는 것은 반드시 같은 기준이 적용되어야 하는 것은 아니기 때문이다.

의하여 생활을 유지할 수 없는 경우'를 해석하는 구체적인 기준은
개개의 경우에 재판을 통하여 밝혀져야 할 것이고, 이성적이며 공
정·타당한 것에 대한 국민 전체의 건전한 관념에 따라 결정하여
야 할 것이다.[24] 이때 ㉠ 부양을 받을 자와 부양의무자의 관계(촌
수, 혈족인지 인척인지, 과거 부양을 받을 자가 부양의무자를 부양한 적
이 있는지 여부 등), ㉡ 부양을 받을 자와 부양의무자의 자력과 소
득, ㉢ 부양의무자와 같은 순위의 다른 부양의무자가 존재하는지
여부 및 부양의무자와 같은 순위의 다른 부양의무자의 자력과 소
득, ㉣ 부양을 받을 자가 부양의무자의 직계비속인 경우 부양을 받
을 자의 형제자매 등 같은 촌수의 친족에 대하여 부양의무자가 부
양의무를 이행한 정도 및 그 후 자력이나 소득의 변동이 있는지 여
부 등을 종합적으로 고려할 것을 제안한다.

(4) 이른바 부양이분론[二原型論]으로 일관할 경우 교육비(고등교
육을 위한 것) 등이 1008조에서 말하는 특별수익이 될 수 있으나,
이는 부당하다. 대법원 1998.12.8. 선고 97므513, 520, 97스12 판
결도 "공동상속인 중에 피상속인으로부터 재산의 증여 또는 유증
을 받은 특별 수익자가 있는 경우에 공동상속인들 사이의 공평을
기하기 위하여 그 수증재산을 상속분의 선급으로 다루어 구체적인
상속분을 산정함에 있어 이를 참작하도록 하려는 데 그 취지가 있
는 것이다. 따라서 어떠한 생전 증여가 특별수익에 해당하는지는
피상속인의 생전의 자산, 수입, 생활수준, 가정상황 등을 참작하고
공동상속인들 사이의 형평을 고려하여 당해 생전 증여가 장차 상
속인으로 될 자에게 돌아갈 상속재산 중의 그의 몫의 일부를 미리
주는 것이라고 볼 수 있는지의 여부에 의하여 결정하여야 할 것이

---

24) 곽윤직·김재형, 민법총칙, 283 참조.

다."라고 판시하고 있다. <u>일반적, 의례적인 범위를 넘지 않는 결혼</u>
<u>지참금, 혼수비용, 교육비 등은 특별수익에 포함되지 않는다고 보</u>
<u>는 것이 실무례이기도 하다.</u>

(5) 따라서, 형제자매가 대학교육을 받았거나 받고 있는 경우에
는 부모의 경제사정이 급격하게 악화되는 등 특별한 사정이 없는
한 대학 교육비 정도는 성년 자녀라고 하더라도 부양의무의 범위
에 포함된다고 봐도 무방할 것이다. 대학원이나 해외 유학의 경우
에도 조금 더 엄격한 기준을 적용하되 부모의 경제적인 사정이나
성년 자녀의 의사와 능력 등을 고려하여 탄력적으로 판단해야 할
것이다.

4. 성년 자녀의 생활비가 부부 공동생활비용에 포함되는지 및 상환청구를 할 수 있는지 여부

가. '부양의무'는 부부 공동생활의 유지에 필요한 것을 서로 제공
하는 것으로서 경제적 부양과 신체적 · 정신적 부양을 모두 포함하
는 개념이다.[25] '부부의 공동생활에 필요한 비용'이란 부부를 중심
으로 하는 가족공동체의 유지에 필요한 비용[26]으로 부부 각자의
생활비뿐만 아니라 부부 공동의 자녀의 생활비, 부부가 공동으로
양육해온 부부 한쪽의 미성년 자녀의 양육비 기타 부부와 생계를
같이 하며 동거생활을 해 온 부부 한쪽의 친족의 생계비도 생활비
용에 포함[27]된다.

나. 성년 자녀의 대학 교육비 등(경우에 따라서는 대학원 교육비나

---

25) 김주수 · 김상용, 친족 · 상속법, 132.
26) 김주수 · 김상용, 친족 · 상속법, 145.
27) 윤진수 편집대표, 주해친족법 제1권, 285-286(이동진 집필부분).

유학비용이 포함될 수 있을 것이다)이 부부 공동생활비용에 포함된다면, 특별한 약정이 없는 한 부부가 공동으로 부담해야 한다(833조). 부모 중 일방이 부부 공동의 자녀에 대한 교육비를 부담한 경우 특별한 사정이 없는 한 타방 배우자에 대한 관계에서 체당(替當) 부양료가 되고 그 상환을 청구할 수 있다[28]고 봐야 할 것이다.

다. 부부가 미성년 자녀를 부양하는 비용은 부부의 공동생활비용이 되고, 그 자녀가 성년이 되는 순간 성년 자녀의 생활비용이 부부의 공동생활 비용에서 제외되어야 하는 합리적인 이유가 없다. 민법 974조 3호는 '직계혈족이 아닌 친족'이더라도 생계를 같이 하는 경우에는 부양의무가 있다고 규정하는 것과도 균형이 맞지 않는다. 자녀(직계비속)에 대한 부양의무는 성년에 도달하는 그 시점을 기준으로 획일적으로 결정할 성격의 것이 아니다. 부모가 신체적·정신적 장애 등을 이유로 스스로 생활할 수 없는 성년 자녀에 대하여 부양의무를 부담할 수 있음은 물론이다.[29] 대학교육을 받고 있는 미혼의 성년 자녀에 대하여 부양의무자로서 교육비나 생활비 등의 지원이 문제되는 경우가 많다.

라. 미성년 자녀와 동거하는 부부의 공동생활 비용과 성년 자녀와 동거하는 부부의 공동 생활비용을 구분하거나 분리할 근거도 없고 방법도 없다.

마. 부부의 공동생활에 필요한 비용은 동거할 때와 별거할 때 달라지는가? 특별한 사정이 없는 한 혼인관계를 유지하는 한 부부가

---

28) 대법원 1994.6.2.자 93스11 결정에서도 부모 일방이 성년 자녀의 부양료를 단독으로 부담한 경우 다른 부모를 상대로 성년 자녀에 대한 부양료의 상환청구권을 행사할 수 있다고 판단하였다.

29) 윤진수 편집대표, 주해친족법 제2권, 1502(최준규 집필부분); 대법원 1994. 6.2.자 93스11 결정은 유사한 사안에서 이혼하고 성년 자녀를 부양하는 부모 일방이 타방 부모를 상대로 부양료에 대한 상환청구권을 인정하였다.

단순히 별거를 한다고 부부 공동생활비용을 판단하고 산정하는 기준이 달라져야 할 법적인 근거도 없고, 사회통념과도 맞지 않다. 부부 일방, 특히 남편이 일방적으로 이혼을 선언하고 별거를 시작한 경우 부부 공동생활 비용이 달라져야 한다는 것은 혼인의 본질상 납득하기 어렵습니다. 별거 전에는 부부와 미성년 자녀의 생활비 전부가 부부 공동생활비용에 포함되다가, 별거를 하기 시작했다고 미성년 자녀의 양육비 중 일부(50% 등)만 부담한다는 것은 혼인의 본질에 반한다.

　바. 부부가 동거하지 않을 때 자녀에 대한 부양의무가 달라지는가? 부부가 동거하지 않을 때 자녀와 동거하는 부부 일방이 자녀 부양의무를 전부 부담해야 하는가? 부부 일방(특히 남편)이 일방적으로 별거를 선언하고 성년 자녀에 대하여는 장애 등 특별한 사정이 없다는 이유로 생활비와 학비 등 일체의 부담을 지지 않는다는 것은 사회통념에 반하고, 부모자녀 간의 부양의무가 부모의 별거 또는 이혼이라는 우연한 사정에 의하여 지나치게 큰 영향을 받는 것이 되고, 이혼이 부부간 혼인의 해소가 아니라 가족의 해체로 연결되는 부당한 결론에 이르게 된다.

5. 대상판결의 의의

　가. 경제 발전과 과학기술의 발전 그리고 교육의 확대와 미디어 환경의 변화 등으로 미성년 자녀의 신체적·정신적 성장은 매우 촉진되었다. 이런 환경에서 성년 연령과 선거 연령은 낮아지고 있다. 반면, 고도산업 사회에서 학습할 것이 늘어났을 뿐만 아니라 산업활동과 생활면에서 기계화·자동화의 진전으로 사람이 노동에서 해방되면서 노동시장에서 더욱 높은 수준의 교육을 받은 인

력을 요구하고 있다. 이런 환경에서 성년에 달한 이후에도 지속적으로 교육과 학습의 필요성은 증가하였다. 대학교육이 일반화되었고, 대학원 및 유학도 더욱 증가하는 추세다. 또한 소수의 자녀를 두다 보니 부모의 자녀에 대한 교육 의지 또한 높아졌다고 볼 수 있다.

　나. 의용민법이 시행된 이래로, 우리 민법이 시행된 것을 기준으로 하더라도 그동안 사회경제적인 환경이 급격하게 바뀌었다.

　다. 대상 판결은 이와 같은 변화된 사회경제적인 환경을 반영하지 못한 채 만연히 종전 선례를 답습하여 부모 일방(상대방)과 협의되지 않은 유학비용 상당의 부양료라는 이유로 청구인의 재항고를 기각하였다.

　라. 대상 판결은 바뀐 사회경제적인 환경과 청구인 및 상대방의 구체적인 사정을 고려하여 부모의 성년 자녀에 대한 부양의무의 법적 근거를 명확하게 밝히고, 부양의무의 구체적인 기준이나 범위에 관한 개괄적인 것이라도 선언함으로써 법률심이자 최고법원으로서 하급심에 기준을 제시했어야 한다.

　마. 또한 부모 일방(상대방)과 협의되지 않은 유학비용 상당의 부양료라는 이유로 청구인의 재항고를 기각할 것이 아니라, 하급심에서 사실관계를 구체적으로 따져 부양의무의 범위를 정하도록 파기환송을 했어야 한다.

참고문헌

곽윤직, 『상속법』(개정판), 박영사, 2004.

곽윤직·김재형, 민법총칙(제9판), 박영사, 2015.

김주수·김상용, 『친족상속법』(제14판), 법문사, 2017.

김형석, "양육비청구권을 자동채권으로 하는 상계－부양청구권의 법적 성
　　질과 관련하여", 「가족법연구」 제21권 제3호, 한국가족법학회, 2007.

법원행정처, 법원실무제요 가사[II], 2010.

신영호·김상훈, 『가족법강의』(제3판), 세창출판사, 2018.

윤진수, 『친족상속법강의』, 박영사, 2016.

윤진수 편집대표, 『주해친족법 제1권』, 박영사, 2015.

윤진수 편집대표, 『주해친족법 제2권』, 박영사, 2015.

이경희, "자에 대한 부모의 부양의무의 법적근거", 「법학연구」 제24권
　　제1호, 연세대학교 법학연구원, 2014.

이경희, 『가족법』(8정판), 법원사, 2013.

이동진, "부모 일방의 타방에 대한 과거의 양육비 상환청구와 소멸시효",
　　「가족법연구」 제26권 제2호, 한국가족법학회, 2012.

임종효, "양육비청구권에 관한 기초 이론 및 실무상 쟁점", 「사법논집」
　　제51집, 법원도서관, 2010.

정민호, "가족법상 부양의무와 사회보장법상 부양의무의 준별론", 「법학
　　논총」 제29권 제1호, 한양대학교 법학연구소, 2012.

한봉희, 『가족법』(2010년 개정판), 푸른세상, 2010.

상 속

상속에 있어서 보험금청구권의 취급

─대법원 2017.12.22. 선고 2015다236820, 236837 판결─

정구태*

Ⅰ. 사실관계

보험회사인 X(본소원고=반소피고)는 A와 사이에 피보험자를 A, 보험수익자는 피보험자 사망 시 법정상속인, 그 외에는 A로 하여 보험계약을 체결하였는데, 그중 일반상해사망후유장해의 보장 내용은 A가 일반상해로 사망할 경우 보험수익자에게 보험가입금액(5,000만 원)을 지급하도록 되어 있었다. A는 2013.12.26.경 개울에서 사망한 채로 발견되었는데, X는 A가 '급격하고도 우연한 외래의 사고로 입은 상해의 직접결과로써 사망'한 것이 아니라고 주장하며, 그 배우자인 Y(본소피고=반소원고)를 상대로 보험금지급채무의 부존재확인을 구하는 이 사건 본소를 제기하였고, 이에 Y는 보험금 전액의 지급을 구하는 반소를 제기하였다. 한편 A의 상속인

* 조선대학교 법과대학 교수, 법학박사.

으로는 배우자 Y 외에도 자녀 B와 C가 있었다.

II. 소송의 경과

X는 제1심 제1회 변론기일 전에 A의 상속인으로 Y 외에 자녀들인 B, C가 있으므로 이 사건 본소의 피고로 추가하여 달라는 취지의 피고 추가신청을 하면서, 그 첨부서류로 B, C가 A의 자녀로 기재된 가족관계증명서를 제출하면서도, "Y는 그 상속분 범위 내에서만 보험금을 청구할 수 있다"는 취지의 주장을 명시적으로 하지 않은 채 단지 A의 사망이 급격하고도 우연한 외래의 사고로 인한 상해의 직접결과로써 발생한 것이 아니라는 취지로만 주장하였다.

제1심법원은 위 피고 추가신청에 대해 아무런 결정을 하지 않은 채, A의 사망이 보험약관에서 정한 일반상해사망에 해당하는지에 관하여만 심리한 후 X의 본소청구를 전부 기각하고 보험금 5,000만 원 전액의 지급을 구하는 Y의 반소를 인용하는 판결을 선고하였다. 이에 X가 항소하였다.

X는 원심 변론종결 후에야 "Y의 보험금청구권은 상속분 범위 내로 제한되어야 하는데 X가 이를 간과하여 변론에서 다투지 못하였으므로 그 주장을 추가하고자 한다."는 취지를 기재한 변론재개신청서를 제출하였으나, 원심은 변론을 재개함이 없이 X의 항소를 기각하는 판결을 선고하였다.

Ⅲ. 대상판결의 요지

보험계약자인 A가 피보험자인 자신의 사망에 따른 보험수익자를 법정상속인으로 지정한 이상 특별한 사정이 없는 한 그 지정에는 A의 사망 당시 상속인이 취득할 보험금청구권의 비율을 그 상속분에 의하도록 하는 취지가 포함되어 있다고 해석함이 타당하고, 따라서 A의 상속인으로 Y 외에 B와 C가 더 있다면 Y는 공동상속인 중 1인으로서 그 상속분에 상응하는 범위 내에서만 보험자인 X에 대하여 보험금을 청구할 수 있다.

또한 X가 제1심법원에 피고 추가신청을 하면서 A의 상속인으로 배우자인 Y 외에 자녀로 B, C가 있음을 알 수 있는 가족관계증명서를 제출하면서도 Y는 그 상속분의 범위 내에서만 보험금을 청구할 수 있다는 주장을 명시적으로 하지 않은 채 A의 사망이 일반상해사망에 해당하지 않는다는 주장만을 한 것은 부주의 또는 오해로 명백히 법률상의 사항을 간과한 것으로 볼 수 있으므로, 법원으로서는 적극적으로 석명권을 행사하여 당사자에게 의견 진술의 기회를 주고, 그에 따라 Y의 상속분에 관하여 나아가 심리해 보았어야 할 것이다. 그럼에도 이에 이르지 아니한 것은 법원의 석명의무에 관한 법리를 오해하여 필요한 심리를 다하지 아니함으로써 판결에 영향을 미친 잘못을 범한 것이다. 이 점을 지적하는 취지의 상고이유 주장은 이유 있다(파기환송).

IV. 해 설

1. 대상판결의 논점

대상판결에서는 ① 상해의 결과로 피보험자가 사망한 때에 사망보험금이 지급되는 상해보험에서 보험계약자가 보험수익자를 단지 피보험자의 '법정상속인'이라고만 지정하였는데 보험수익자인 상속인이 여러 명인 경우, 각 상속인이 자신의 법정상속분에 상응하는 범위 내에서만 청구할 수 있는지 여부, ② 법률상 사항에 관한 법원의 석명 또는 지적의무가 문제되었다. 이 글에서는 위 ①의 논점에 대해서만 다루고자 한다.

2. 이론적 검토

(1) 피상속인 자신을 보험수익자로 지정한 경우

종래의 통설에 의하면 이 경우는 피상속인 자신을 위한 계약이므로 보험금청구권은 일단 피상속인에게 귀속된 후 상속재산으로서 상속인에 의하여 승계된다고 한다.[1] 판례도 같은 취지이다.[2]

---

1) 김능환, "유류분반환청구", 『재판자료[78]: 상속법의 제 문제』(법원도서관, 1998.6), 29면; 김소영, "상속재산분할", 『민사판례연구』 제25권(민사판례연구회, 2003.2), 772면; 김윤정, "상속재산분할의 대상성과 관련한 논의", 『사법』 제15호(사법발전재단, 2011.3), 205면; 이진만, "유류분의 산정", 『민사판례연구』 제19권(민사판례연구회, 1997.2), 375면.

2) 대법원 2002.2.8. 선고 2000다64502 판결: "생명보험에 있어서 보험계약자가 피보험자 중의 1인인 자신을 보험수익자로 지정한 경우에도 그 지정은 유효하고, 따라서 보험수익자가 사망하면 그 보험금은 상속재산이 된다(대법원 2000.10.6. 선고 2000다38848 판결)."

그러나 보험계약에서 보험사고는 피보험자의 사망인데, 사망한 피보험자가 보험수익자로 보험금청구권을 취득한다는 것은 논리적이지 못하다. 死者는 원칙적으로 권리주체가 될 수 없기 때문이다. 물론 불법행위에 있어서 피해자가 즉사한 경우에도 사망 직전에 시간적 간격이 인정된다고 보아 피해자가 위자료청구권을 취득하고 이것이 상속인에게 승계된다고 보는 것과 마찬가지로, 이 경우에 있어서도 보험수익자인 피상속인이 보험금청구권을 취득하고 그 이후에 상속인에게 상속된다고 보는 것도 불가능한 것은 아니다.

그렇지만 위자료청구권의 상속을 인정하기 위한 이른바 時間的 間隔說은 피해자가 즉사한 경우, 가령 피해자가 단 몇 초라도 생존한 후에 사망한 경우와 비교하여 생기는 불합리한 점을 극복하기 위해 주장된 이론으로서, 이 경우와는 문제상황을 달리한다. 왜냐하면 이 경우에는 보험금청구권이 상속재산에 귀속되어 상속인에게 상속되든, 아니면 보험수익자의 상속인이 고유의 권리로서 이를 취득하든 간에 상속인에게 귀속되는 결과에 있어서는 차이가 없고, 단지 그 법률적 구성을 상속으로 볼 것인지 여부가 문제되기 때문이다.[3]

만일 보험금청구권의 귀속을 상속에 의한 승계취득으로 본다면 그 보험금청구권은 상속재산에 속하기 때문에, 예컨대 상속인이 한정승인을 하였더라도 보험금청구권은 상속채권자에 대한 책임

---

3) 전경근, "상속재산으로서의 보험금청구권",『가족법연구』제16권 1호(한국가족법학회, 2002.6), 251-252면도 이 경우에는 불법행위의 경우와 같이 피보험자가 보험금청구권을 취득하고서 사망하는 것이 아니라 피보험자의 사망이라는 사건이 발생한 후에야 비로소 보험금청구권이 귀속된다고 하는 것이 옳다고 한다.

재산을 구성하고, 상속인이 상속을 포기하였다면 보험금청구권도
취득하지 못하게 되며, 상속인이 보험금청구권을 행사하여 보험금
을 수령하게 되면 이는 민법 제1026조 제1호 소정의 '상속인이 상
속재산에 대한 처분행위를 한 때'에 해당하게 되어 법정단순승인
으로 의제되는 결과가 된다.[4]

　결국 이 경우에 누가 보험금을 취득하느냐는 전적으로 보험계약
의 해석문제라고 할 것이다. 생각건대, 피상속인이 자신을 피보험
자로 하는 보험계약을 체결하면서 자신을 보험수익자로 지정한 경
우, 이는 자신의 사망으로 발생하는 보험금청구권을 자신에게 귀
속시키겠다는 의사가 아니라, 자신의 사망으로 말미암아 자신의
재산을 상속하게 될 상속인에게 귀속시킬 의사였다고 보는 것이
타당할 것이다. 피보험자가 사망한 경우에 비로소 보험금청구권이
발생한다는 점을 고려한다면, 피보험자 자신을 보험수익자로 한
것은 보험금을 자신의 상속인에게 귀속시키려는 의사였다고 推知
하는 것이 합리적이기 때문이다.[5] 따라서 상법 제733조 제3항[6]을
유추적용하여, 이 경우 보험계약자인 피상속인의 의사는 피보험자
겸 보험수익자인 피상속인 자신의 상속인을 보험수익자로 지정한
것으로 추정함으로써, 그 상속인이 고유의 권리로서 보험금청구권
을 원시취득한다고 보는 것이 타당할 것이다.[7]

---

4) 정구태, "생명보험과 특별수익, 그리고 유류분", 『고려법학』 제62호(고려
　대학교 법학연구원, 2011.9), 183면.
5) 전경근(註3), 252-253면.
6) "보험수익자가 보험존속 중에 사망한 때에는 보험계약자는 다시 보험수익
　자를 지정할 수 있다. 이 경우에 보험계약자가 지정권을 행사하지 아니하
　고 사망한 때에는 보험수익자의 상속인을 보험수익자로 한다."
7) 같은 취지로 곽윤직, 『상속법』(박영사, 1997), 149-150면; 김재호, "포괄적
　유증", 『재판자료[78]: 상속법의 제문제』(법원도서관, 1998.6), 400면; 윤진
　수, 『친족상속법강의[제2판]』(박영사, 2018), 358면; 전경근(註3), 249면

(2) 공동상속인 중 1인을 보험수익자로 지정한 경우

공동상속인 중 1인을 보험수익자로 지정한 경우, 그 특정된 상속인이 보험금을 수령하는 것은 보험계약의 효과이므로 보험금청구권은 보험계약에 기한 상속인 고유의 권리로서 원시취득하는 것이고, 이를 상속에 의한 승계취득으로 볼 수는 없다.[8]

이와 달리 상속세 및 증여세법 제8조 제1항은 "피상속인의 사망으로 인하여 받는 생명보험 또는 손해보험의 보험금으로서 피상속인이 보험계약자인 보험계약에 의하여 받는 것은 상속재산으로 본다."고 규정하고 있다. 그러나 상속세 및 증여세법은 어디까지나 조세부과라는 공법적 측면을 규율하기 위함이므로,[9] 상속세 및 증

("보험사고 발생 이전에 보험수익자가 사망하였으나, 보험계약자가 변경권을 행사하기 전에 보험사고가 발생하면 보험수익자의 상속인이 보험수익자가 된다고 하는 상법의 규정을 유추하여, 보험수익자이면서 피보험자가 사망한 경우에는 보험수익자의 사망으로 보험수익자는 상속인으로 변경된다고 해석할 수도 있을 것이다. 이 점을 우선적으로 고려한다면 피보험자이자 보험수익자인 피상속인이 사망한 경우에 먼저 보험수익자의 변경이 있게 되어 상속인은 보험수익자로서 피보험자의 사망으로 인한 보험금청구권을 취득한다고 해석하게 된다. 이러한 해석이 가능하다면 보험수익자인 피보험자의 사망으로 인하여 상속인이 취득하는 보험금청구권은 상속인이 보험수익자로 지정된 경우와 같다고 할 수 있으며, 따라서 상속인이 가지는 보험금청구권은 상속재산이 아니게 된다").

8) 같은 취지로 곽윤직(註7), 148면. 대법원 2001.12.24. 선고 2001다65755 판결도 "보험계약자가 피보험자의 상속인을 보험수익자로 하여 맺은 생명보험계약에 있어서 피보험자의 상속인은 피보험자의 사망이라는 보험사고가 발생한 때에는 보험수익자의 지위에서 보험자에 대하여 보험금 지급을 청구할 수 있고, 이 권리는 보험계약의 효력으로 당연히 생기는 것으로 상속재산이 아니"라고 판시하였다.

9) 헌법재판소 2009.11.26. 선고 2007헌바137 결정은 "피상속인이 실질적으로 보험료를 지불하고 그의 사망을 원인으로 일시에 무상으로 수취하는 생명보험금은 유족의 생활보장을 목적으로 피상속인의 소득능력을 보충하는 금융자산으로서의 성격도 지니고 있는 등 그 경제적 실질에 있어서는 민법

여세법이 보험금을 상속재산에 포함시키고 있다고 하여 민사법적 측면에서도 반드시 그와 같이 보아야 하는 것은 아니다.

公法과 私法의 차이에서 발생하는 이러한 예는 쉽게 찾아볼 수 있다. 가령 대법원은 일관하여 "공동상속인 상호간에 상속재산에 관하여 협의분할이 이루어짐으로써 공동상속인 중 일부가 고유의 상속분을 초과하는 재산을 취득하게 되었다고 하여도 이는 상속개시 당시에 소급하여 피상속인으로부터 승계받은 것으로 보아야 하고 다른 공동상속인으로부터 증여받은 것으로 볼 수 없다"고 판시하고 있는바,10) 이들 판례는 법정상속분을 초과하여 분배를 받은 상속인이 증여세를 납부하여야 하는가에 관한 것으로서, 상속인이 상속재산 협의분할에 의해 상속분을 이전한 것이 상속인의 채권자에 대한 관계에서 사해행위에 해당하는지를 판단함에 있어서 직접 적용될 수 있는 것은 아니다.11) 바꿔 말해, 이들 판례는 국가가 국민에게 세금을 부과함에 있어서 적정성과 타당성의 관점에서 공권력 주체와 대상자 사이의 관계를 규율하기 위한 판단으로서, 사인 상호간의 재산권의 정당한 귀속문제와는 차원을 달리한다.12)

상의 상속재산과 다를 바 없다."고 하면서, 상속세 및 증여세법 제8조는 "법률상의 형식과 경제적 실질이 서로 부합하지 않는 경우에 그 경제적 실질을 추구하여 그에 과세함으로써 과세형평과 실질과세의 원칙을 실현함과 아울러 인위적인 상속세 회피를 방지하기 위한 것으로서, 그 입법목적의 정당성이나 방법의 적절성이 인정된다."고 판시하였다(합헌).

10) 대법원 1996.2.9. 선고 95누15087 판결; 대법원 2001.11.27. 선고 2000두9731; 대법원 1996.2.9. 선고 95누15087 판결; 대법원 1994.3.22. 선고 93누19535 판결; 대법원 1993.9.14. 선고 93누10217 판결; 대법원 1992.3.27. 선고 91누7729 판결 등.

11) 윤진수, "상속법상의 법률행위와 채권자취소권―상속 포기 및 상속재산 협의분할을 중심으로", 『민법논고[Ⅴ]』(박영사, 2011), 288면(初出: 2001.12).

12) 정구태, "상속재산 협의분할을 사해행위로서 취소할 수 있는 채권자의 범위―대법원 2013.6.13. 선고 2013다2788 판결", 『법학논총』 제21권 제1호

만일 보험금청구권도 상속재산에 포함되는 것으로 보게 되면, 상속인이 취득한 보험금이 특별수익으로 인정되는 경우,[13][14] 초과특별수익자는 피상속인에 의한 보험계약의 수익자 지정 취지와는 달리 보험금에 대하여 전혀 수익할 수 없게 되는 불합리한 결과

(조선대학교 법학연구원, 2014.4), 334면.

13) 보험계약자인 피상속인과 보험수익자의 '실질적' 관계를 고려할 때, 가령 피상속인이 상속인 중 1인을 보험수익자로 지정하여 그가 다액의 생명보험금을 단독으로 취득한 경우, 생명보험금이 보험수익자의 고유의 권리에 의해 취득한 것이라고 하여 유류분 기초재산에 산입되는 증여재산에서 제외한다면 상속인 간의 공평을 크게 해치는 결과를 초래하게 된다. 이는 상속인에 대한 특별수익의 경우 공동상속인 간의 공평을 유지하기 위하여 제1114조의 기간의 제한 없이 증여재산에 가산된다는 점을 고려하면 더욱 그러하다. 그러므로 보험수익자가 상속인인 경우 그가 취득한 생명보험금은 피상속인이 상속분의 선급으로서 행한 특별수익으로 보아 제1114조의 기간 제한 없이 증여재산에 가산된다고 보는 것이 공동상속인 간의 공평을 도모하는 해석이다. 정구태(註4), 284-285면 참조. 같은 취지로 이경희, 『가족법[9정판]』(법원사, 2017), 416면. 서울가정법원 2010.11.9. 선고 2009느합285 심판도 "보험수익자가 상속인 또는 상속인 중 특정인으로 지정되어 있는 경우 그 보험금은 각 해당 상속인들의 고유재산이며 상속재산이 아니지만, 피상속인이 보험료를 부담하였다면 이는 곧 피상속인이 출연한 보험료 상당액을 각 해당자들이 특별수익한 것으로 봄이 상당하다"고 판시하였다.

14) 이와 달리 일본 最高裁判所 2004.10.29. 決定은 "보험수익자인 상속인과 다른 공동상속인과의 사이에 발생하는 불공평이 일본민법 제903조의 취지에 비추어 도저히 시인할 수 없을 정도로 현저하다고 평가되어야만 하는 특단의 사정이 존재하는 경우에는 동조의 유추적용에 의해 당해 보험금은 특별수익에 준하여 반환의 대상으로 된다"고 판시함으로써 '특단의 사정의 존재'를 요건으로 생명보험금의 특별수익성을 예외적으로만 인정하였다. 홍진희·김판기, "생명보험금과 민법 제1008조 특별수익과의 관계", 『법조』제668호(법조협회, 2012.5), 197-232면도 보험수익자를 지정한 보험계약자인 피상속인의 의사를 존중하여 생명보험금을 특별수익으로 반환하는 것을 원칙적으로 부정하되, 공동상속인 간의 형평을 심각하게 해하는 특단의 사정이 있는 예외적인 경우에 비로소 특별수익에 준하여 처리하는 것이 바람직하다고 한다.

가 발생한다.[15]

(3) 보험수익자를 추상적으로 '상속인'이라고만 지정한 경우

보험수익자를 추상적으로 '상속인'이라고만 지정한 경우, 피상속인이 어떠한 의사로 지정하였는가는 피상속인의 의사해석의 문제로 귀결된다. 이때에도 기본적으로 피상속인의 의사는 보험금청구권이 발생한 때 피상속인의 상속인으로 될 자를 지시하는 것으로 보는 것이 합리적이므로, 보험금청구권이 상속재산을 구성하지는 않는다고 볼 것이다.[16]

문제는 상속인이 복수인 경우 각자의 취득비율도 상속분에 따른다고 보아야 하는지 여부이다. 보험약관에 "각자의 상속분에 의해 보험금을 지급한다."는 기재가 있거나, 보험계약자가 상속분에 의해 지급할 것을 명시적으로 표시하였다면, 일응 민법 제408조[17]의 특별한 의사표시가 있는 것으로 보아 각자의 '상속분'에 따라 보험금을 취득할 것이다. 그러나 그러한 기재나 의사표시가 없다면 민법 제408조에 따라 공동상속인 모두 '균등한 비율'로 취득한다고 보아야 한다.[18] 상속세 및 증여세법 제8조와 같이 이 경우 보험금

---

15) 김윤정(註1), 207면.

16) 같은 취지로 송덕수, 『친족상속법[제3판]』(박영사, 2017), 307면; 신영호·김상훈, 『가족법강의[제3판]』(세창출판사, 2018), 352면. 대법원 2001.12. 28. 선고 2000다31502 판결도 "생명보험의 보험계약자가 스스로를 피보험자로 하면서, 수익자는 만기까지 자신이 생존할 경우에는 자기 자신을, 자신이 사망한 경우에는 '상속인'이라고만 지정하고 그 피보험자가 사망하여 보험사고가 발생한 경우, 보험금청구권은 상속인들의 고유재산으로 보아야 할 것이고, 이를 상속재산이라 할 수 없다."고 판시하였다.

17) 제408조(분할채권관계) 채권자나 채무자가 수인인 경우에 특별한 의사표시가 없으면 각 채권자 또는 각 채무자는 균등한 비율로 권리가 있고 의무를 부담한다.

청구권도 상속재산에 포함된다고 보면 모를까,[19] 상속재산에 포함
되지 않는다고 하면서 그 취득비율은 다시 상속분에 따른다고 보
는 것[20]은 모순이기 때문이다.

(4) 상속인이 아닌 제3자를 보험수익자로 지정한 경우

상속인이 아닌 제3자를 보험수익자로 지정한 경우, 제3자는 보
험계약에 기한 고유의 권리로서 보험금청구권을 원시취득한다. 다
만, 제3자가 피보험자의 사망 전에 먼저 사망하였고, 피상속인이

---

18) 같은 취지로 김은경, "보험수익자 지정여부와 그 이해관계의 의미", 『법학
논총』 제21권 제3호(조선대학교 법학연구원, 2014.12), 836면; 김재호(註
7), 402면; 노일석 "보험수익자의 지정·변경", 『금융법연구』 제7권 제2호
(한국금융법학회, 2010), 211면; 전경근(註3), 243면 註20); 정진옥, "보험
수익자의 생명보험금청구권과 상속관련 쟁점", 『상사판례연구』 제27권 제
2호(한국상사판례학회, 2014), 195-196면.

19) 김능환(註1), 29면은 "피상속인이 자기를 피보험자로 하는 생명보험계약에
있어 자기 자신 또는 추상적으로 '상속인'을 보험수익자로 지정한 경우에는
그 보험금청구권 내지 보험금이 상속재산의 일부를 구성함에는 의문이 없
다."고 하고, 변동열, "유류분 제도", 『민사판례연구』 제25권(민사판례연구
회, 2003.2), 838면도 "생명 보험 계약에서 보험 계약자가 자신을 수익자로
지정하거나 보험 수익자를 지정하지 않은 경우, 보험 수익자를 그냥 상속
인으로 지정한 경우 등에는 생명 보험금 청구권은 상속재산을 구성하는 것
으로 보면 별 문제가 없을 것"이라고 한다.

20) 보험법학계에서는 이러한 입장이 오히려 통설인 것으로 보인다. 가령 김성
태, 『보험법강론』(법문사, 2001), 854면; 박세민, 『보험법[제4판]』(박영사,
2017), 884면; 양승규, 『보험법』(삼지원, 2005), 459면; 이기수·최병규·
김인현, 『보험·해상법[제9판]』(박영사, 2015), 413면; 장덕조, 『보험법[제3
판]』(법문사, 2016), 463면; 한기정, 『보험법』(박영사, 2017), 740면 등. 같
은 취지로 오창수, "보험금청구권과 상속", 『변호사』 제4권(서울지방변호
사회, 2004), 223면; 양희석, "보험금청구권과 상속관련 법적 문제", 『보험
법연구』 제11권 제2호(한국보험법학회, 2017), 238-239면; 홍진희·김판
기, "보험계약에 있어서 상속인이 보험금청구권을 취득하는 경우의 법적
문제", 『소비자문제연구』 제40호(한국소비자원, 2011), 199-200면.

다시 지정권을 행사하지 않고 사망한 경우, 상법 제733조 제3항에 의해 제3자의 상속인이 확정적으로 보험금청구권을 취득하게 되는데, 이때 제3자의 상속인은 보험계약자인 피상속인이 사망한 때의 상속인을 가리키는 것이 아니라, 보험수익자로 지정된 제3자가 사망한 때의 상속순위에 따라 그의 상속인으로 될 자라고 보아야 한다.[21]

3. 소 결

이 사건에서와 같이 피상속인이 단순히 '법정상속인'을 보험수익자로 지정한 경우 보험금청구권은 보험계약에 기한 고유의 권리로서 보험수익자인 상속인들이 직접 취득하는 것이며, 따라서 그 보험금청구권은 상속재산에 포함되지 않는다. 그 논리적 귀결로서 상속인들이 복수인 경우, 보험계약자인 피상속인의 특별한 의사표시가 없는 한, 보험금청구권은 민법 제408조에 따라 각자의 상속분이 아니라 균등한 비율로 귀속된다고 보아야 한다.

이와 달리 대상판결은 보험수익자인 상속인이 여러 명인 경우, 각 상속인은 자신의 '상속분'에 상응하는 범위 내에서 보험자에 대하여 보험금을 청구할 수 있다고 하였는바,[22] 대상판결이 Y에게 보험금 '전액'의 지급을 명한 원심 판결을 파기환송한 것은 타당하지만, Y에게 '상속분'에 따른 보험금의 취득을 인정한 것은 타당하다고 보기 어렵다.[23] A의 배우자 Y와 자녀 B, C는 모두 1/3의 비

---

21) 곽윤직(註7), 149면.

22) 대상판결에 의하면, A의 배우자 Y는 3/7, 자녀 B와 C는 각 2/7의 비율로 보험금을 취득하게 된다.

23) 이와 달리, 註20)에서 인용한 견해와 같은 취지에서 대상판결에 찬성하는

율로 보험금을 취득한다고 보는 것이 타당하다.

4. 관련 판례

보험계약자가 보험수익자를 지정하지 않고 사망한 경우에는 상법 제733조 제4항에 의해 피보험자의 상속인이 보험수익자가 된다고 보아야 하며, 이 경우에도 보험수익자인 상속인의 보험금청구권은 상속재산이 아니라 상속인의 고유재산이라고 보아야 한다.[24]

대법원 2004.7.9. 선고 2003다29463 판결도 "보험수익자의 지정에 관한 상법 제733조는 상법 제739조에 의하여 상해보험에도 준용되므로, 상해의 결과로 사망한 때에 사망보험금이 지급되는 상해보험에 있어서 보험수익자가 지정되어 있지 않아 위 법률규정에 의하여 피보험자의 상속인이 보험수익자가 되는 경우에도 보험수익자인 상속인의 보험금청구권은 상속재산이 아니라 상속인의 고유재산으로 보아야 한다."고 판시하였다.[25]

문헌으로 장덕조, "2017년도 보험법 판례의 동향과 그 연구", 『상사판례연구』 제31권 제1호(한국상사판례학회, 2018.3), 219면; 최병규, "2017년 분야별 중요판례분석 ⑫ 보험법", 『법률신문』 제4603호(법률신문사, 2018.5.10), 13면.

24) 같은 취지로 김주수·김상용, 『친족·상속법[제14판]』(법문사, 2017), 667면.

25) 이광만, "상해의 결과로 사망하여 사망보험금이 지급되는 상해보험에 있어서 보험수익자가 지정되어 있지 않아 피보험자의 상속인이 보험수익자로 되는 경우, 그 보험금청구권이 상속인의 고유재산인지 여부(적극)", 『대법원판례해설』 제51호(법원도서관, 2005.6), 473면은 상법 제733조는 피보험자의 상속인이 상속에 관한 민법의 규정에 근거하여 원래의 보험수익자의 보험금청구권을 상속한다고 규정하고 있지 않고(만일 그러한 취지라면 민법의 상속 규정만으로 충분하고 상법에서 따로 규정할 필요가 없을 것이

5. 대상판결의 의의

대상판결은 상해의 결과로 피보험자가 사망한 때에 사망보험금이 지급되는 상해보험에서 보험계약자가 보험수익자를 단지 피보험자의 '법정상속인'이라고만 지정한 경우, 특별한 사정이 없는 한 그와 같은 지정에는 장차 상속인이 취득할 보험금청구권의 비율을 '상속분'에 의하도록 하는 취지가 포함되어 있다고 판단하였다는데 그 의의가 있다. 그러나 보험금청구권이 상속재산에 포함되지 않는다면 그 논리적 귀결로서 상속인들이 복수인 경우, 보험계약자인 피상속인의 특별한 의사표시가 없는 한, 보험금청구권은 민법 제408조에 따라 각자의 상속분이 아니라 균등한 비율로 귀속된다고 보는 것이 타당하다.

다) 피보험자의 상속인이 보험수익자가 된다고 명시하고 있으므로, 그 보험금은 상속인의 고유재산에 해당한다고 본다. 같은 취지로 양승규, "상해보험수익자의 보험청구권의 성질", 『손해보험』 제433호(대한손해보험협회, 2004.12), 52-54면. 김상용, "2000년대 민사판례의 경향과 흐름: 가족법", 『민사판례연구』 제33권[하](민사판례연구회, 2011.2), 575면도 상속채무로부터의 상속인 보호라는 관점에서, 판례와 같이 본다면 피보험자의 상속인들이 보험수익자로서 사망보험금을 수령한 이후에도 적법하게 상속포기신고를 할 수 있음을 이유로 판례의 태도에 찬동한다.

참고문헌

단행본

곽윤직, 『상속법』(박영사, 1997).

김성태, 『보험법강론』(법문사, 2001).

김주수 · 김상용, 『친족 · 상속법[제14판]』(법문사, 2017).

박세민, 『보험법[제4판]』(박영사, 2017).

송덕수, 『친족상속법[제3판]』(박영사, 2017).

신영호 · 김상훈, 『가족법강의[제3판]』(세창출판사, 2018).

양승규, 『보험법』(삼지원, 2005).

윤진수, 『친족상속법강의[제2판]』(박영사, 2018).

이경희, 『가족법[9정판]』(법원사, 2017).

이기수 · 최병규 · 김인현, 『보험 · 해상법[제9판]』(박영사, 2015).

장덕조, 『보험법[제3판]』(법문사, 2016).

한기정, 『보험법』(박영사, 2017).

일반 논문

김능환, "유류분반환청구", 『재판자료[78]: 상속법의 제 문제』(법원도서
　　관, 1998.6).

김상용, "2000년대 민사판례의 경향과 흐름: 가족법", 『민사판례연구』
　　제33권[하](민사판례연구회, 2011.2).

김소영, "상속재산분할", 『민사판례연구』제25권(민사판례연구회, 2003.
　　2).

김윤정, "상속재산분할의 대상성과 관련한 논의", 『사법』제15호(사법발
　　전재단, 2011.3).

김은경, "보험수익자 지정여부와 그 이해관계의 의미", 『법학논총』 제21권 제3호(조선대학교 법학연구원, 2014.12).

김재호, "포괄적 유증", 『재판자료[78]: 상속법의 제 문제』(법원도서관, 1998.6).

노일석 "보험수익자의 지정・변경", 『금융법연구』 제7권 제2호(한국금융법학회, 2010).

변동열, "유류분 제도", 『민사판례연구』 제25권(민사판례연구회, 2003.2).

양승규, "상해보험수익자의 보험청구권의 성질", 『손해보험』 제433호(대한손해보험협회, 2004.12).

오창수, "보험금청구권과 상속", 『변호사』 제4권(서울지방변호사회, 2004).

윤진수, "상속법상의 법률행위와 채권자취소권─상속 포기 및 상속재산 협의분할을 중심으로", 『민법논고[Ⅵ]』(박영사, 2011).

양희석, "보험금청구권과 상속관련 법적 문제", 『보험법연구』 제11권 제2호(한국보험법학회, 2017).

이광만, "상해의 결과로 사망하여 사망보험금이 지급되는 상해보험에 있어서 보험수익자가 지정되어 있지 않아 피보험자의 상속인이 보험수익자로 되는 경우, 그 보험금청구권이 상속인의 고유재산인지 여부(적극)", 『대법원판례해설』 제51호(법원도서관, 2005.6).

이진만, "유류분의 산정", 『민사판례연구』 제19권(민사판례연구회, 1997.2).

장덕조, "2017년도 보험법 판례의 동향과 그 연구", 『상사판례연구』 제31권 제1호(한국상사판례학회, 2018.3).

전경근, "상속재산으로서의 보험금청구권", 『가족법연구』 제16권 1호(한국가족법학회, 2002.6).

정구태, "생명보험과 특별수익, 그리고 유류분", 『고려법학』 제62호(고려대학교 법학연구원, 2011.9).

_____, "상속재산 협의분할을 사해행위로서 취소할 수 있는 채권자의 범위―대법원 2013.6.13. 선고 2013다2788 판결",『법학논총』제21 권 제1호(조선대학교 법학연구원, 2014.4).

정진옥, "보험수익자의 생명보험금청구권과 상속관련 쟁점",『상사판례 연구』제27권 제2호(한국상사판례학회, 2014).

최병규, "2017년 분야별 중요판례분석 ⑫ 보험법",『법률신문』제4603호 (법률신문사, 2018.5.10).

홍진희 · 김판기, "보험계약에 있어서 상속인이 보험금청구권을 취득하는 경우의 법적 문제",『소비자문제연구』제40호(한국소비자원, 2011).

_____, "생명보험금과 민법 제1008조 특별수익과의 관계",『법 조』제668호(법조협회, 2012.5).

민법 제1008조(특별수익자의 상속분) 및 가사소송법 제2조(가정법원의 관장사항) 위헌소원 해설*

─헌법재판소 2017.4.27. 선고 2015헌바24 결정─

정다영**

Ⅰ. 사실관계

최ㅇ순은 2010.11.6. 사망하였고, 그 상속인들로 자녀들 3명과 재혼한 배우자인 청구인이 있다. 망인의 자녀들이 청구인을 상대로 의정부지방법원 고양지원에 상속재산분할을 청구하였고, 위 법원은 청구인이 소유하는 시가 2억 5천만여 원 상당의 아파트상가를 청구인의 특별수익으로 인정하는 등 자녀들의 주장을 상당 부분 반영하여 2013.3.28. 상속재산분할심판을 하였다(의정부지방법원 고양지원 2012느합8).

---

* 이 해설은 정다영, "특별수익과 배우자의 상속분", 「입법과 정책」 제10권 제1호, 2018, 27-49면의 내용 중 일부를 발췌·재편집하고 논점을 추가한 것임을 밝힙니다.
** 영남대학교 법학전문대학원 교수, 변호사.

청구인은 이에 불복하여 항고한 후, 청구인 명의의 아파트상가는 특별수익에 해당하지 않는다는 등의 주장을 하면서 기여분 심판 청구를 하였으나, 항고심 법원은 2014.8.13. 청구인의 위 주장을 배척하고, 기여분 심판 청구도 기각하였다[서울고등법원 2013브40, 2014브37(병합)].

이에 청구인은 재항고하고[대법원 2014스169, 2014스170(병합)], 그 재항고심 계속 중 민법 제1008조, 가사소송법 제2조 제1항 제2호 나목 10) 등이 위헌이라고 주장하며 위헌법률심판제청신청을 하였으나 2014.12.19. 기각되자(대법원 2014아166), 2015.1.9. 이 사건 헌법소원심판을 청구하였고, 2015.6.3. 청구취지추가신청서를 통하여 민법 제839조의2 제1항을 심판대상에 추가하였다(이에 대한 헌법재판소 2017.4.27. 선고 2015헌바24 결정을 이하 '대상결정'이라 한다).

II. 결정요지

1. 헌법재판소법 제68조 제2항의 헌법소원은 법률의 위헌여부 심판의 제청을 신청하여 그 신청이 기각된 때에만 청구할 수 있는 것이므로, 청구인이 당해 사건 법원에 위헌법률심판의 제청을 신청하지 않았고, 따라서 법원의 기각 결정도 없었던 부분에 대한 심판청구는 그 심판청구의 요건을 갖추지 못하여 부적법하다.

2. 특별수익자 조항이 공동상속인 중에 피상속인으로부터 재산의 증여 또는 유증을 받은 특별수익자가 있는 경우에 그 수증재산을 상속분의 선급으로 보고 구체적인 상속분을 산정하도록 한 것

은 상속에 있어서 공동상속인들 사이의 공평을 기하도록 하기 위함이다. 그런데 특별수익자가 배우자인 경우에 대하여서만 특별수익 산정에 관한 예외규정을 둔다면 공동상속인 사이에 공평을 해치게 되어 특별수익자 조항의 입법목적에 배치되는 결과를 가져온다. 나아가 공동재산형성이나 배우자부양 측면에서 배우자의 특수성은 민법상 법정상속분제도, 기여분제도를 통하여 구체적 상속분 산정 시 고려되고 있고, 대법원은 일부 상속인에 대하여 증여 또는 유증이 있었다고 하더라도 해당 수증분의 특별수익 해당 여부에 관하여는 구체적인 사안에 따라 제한적으로 해석하고 있다. 따라서 특별수익자 조항이 입법재량의 한계를 벗어나 배우자인 상속인의 재산권을 침해한다고 볼 수 없다.

3. 상속재산분할에 관한 사건의 결과는 가족공동체의 안정에 커다란 영향을 미친다는 특수성을 감안할 때, 구체적인 상속분의 확정과 분할의 방법에 관하여서는 가정법원이 당사자의 주장에 구애받지 않고 후견적 재량을 발휘하여 합목적적으로 판단하여야 할 필요성이 인정된다. 이와 같은 점을 고려하여 가사비송 조항은 상속재산분할에 관한 사건을 법원의 후견적 재량이 인정되는 가사비송절차에 의하도록 한 것이다. 가사소송법 관계법령은 상속재산분할에 관한 사건을 가사비송사건으로 규정하면서도 절차와 심리방식에 있어 당사자의 공격방어권과 처분권을 담보하기 위한 여러 제도들을 마련하고 있다. 따라서 가사비송 조항이 입법재량의 한계를 일탈하여 상속재산분할에 관한 사건을 제기하고자 하는 자의 공정한 재판을 받을 권리를 침해한다고 볼 수 없다.

III. 해 설

1. 대상결정의 논점

(1) 협의이혼 재산분할 조항의 헌법소원심판대상 여부

민법 제839조의2 제1항(이하 '협의이혼 재산분할 조항'이라 한다)은 협의상 이혼한 자의 일방은 다른 일방에 대하여 재산분할을 청구할 수 있다고 규정하고 있다. 청구인은 협의이혼 재산분할 조항이 ①[1] 재산분할청구권을 이혼 시에만 인정하고 배우자의 사망 시에는 인정하지 않음으로써 상속인인 배우자의 재산권을 침해하며 ② 배우자의 사망 전에 이혼한 배우자와 그렇지 않은 배우자를 합리적 이유 없이 차별하므로 평등원칙과 혼인과 가족제도의 보장을 규정한 헌법 제36조 제1항에도 위배된다고 주장하였다.

헌법재판소는 청구인이 협의이혼 재산분할 조항에 대하여 당해 사건 법원에 위헌법률심판의 제청을 신청하지 않았고, 법원의 기각 결정도 없었으므로,[2] 이 부분 심판청구가 부적법하다고 판단하였다.[3]

---

1) 청구인의 주장 및 헌법재판소의 판단에서 순번은 필자가 임의로 표기한 것이다.
2) 헌법재판소는 "달리 당해 사건 법원이 협의이혼 재산분할 조항의 위헌 여부에 대하여 실질적으로 판단하였다거나, 협의이혼 재산분할 조항이 명시적으로 위헌법률심판제청을 신청한 조항들과 필연적인 연관관계를 맺고 있어 법원이 이에 대하여 묵시적으로 판단하였다고 볼만한 사정도 존재하지 않는다"고 보았다.
3) 이 부분 심판청구는 각하되었으므로, 별도로 이론적 검토를 하지 아니한다.

(2) 특별수익자 조항의 위헌 여부

민법 제1008조(이하 '특별수익자 조항'이라 한다)는 특별수익자의 상속분을 규정하면서, 공동상속인 중에 피상속인으로부터 재산의 증여 또는 유증을 받은 자가 있는 경우에 그 수증재산이 자기의 상속분에 달하지 못한 때에는 그 부족한 부분의 한도에서 상속분이 있다고 할 뿐, 특별수익자가 배우자인 경우에도 실질적 공동재산의 청산, 배우자 여생에 대한 부양의무 이행의 요소에 해당하는 부분을 특별수익에서 공제하는 등의 예외규정을 두지 않고 있다. 청구인은 이러한 민법 제1008조가 ① 상속인인 배우자의 재산권을 침해하며 ② 피상속인의 사망 전 이혼한 전(前) 배우자와 그렇지 않은 배우자를 합리적 이유 없이 차별하므로 평등원칙과 혼인과 가족제도의 보장을 규정한 헌법 제36조 제1항에도 위배된다고 주장하였다.

헌법재판소는 피상속인의 사망 전에 배우자가 이혼을 한 경우에는 재산분할을 청구할 수 있는 대신 피상속인의 사망 당시 더 이상 배우자가 아니므로 상속에서 배제되고, 혼인 상태를 유지하던 중 배우자가 사망한 경우에는 생존 배우자는 피상속인의 배우자로서 상속인의 지위를 가지는 대신 재산분할을 청구할 수 없다는 점에서, 피상속인의 사망 전 이혼한 전 배우자와 그렇지 않은 배우자는 헌법 제36조 제1항과 평등원칙 위배 여부를 판단하기 위한 유의미한 비교집단이 된다고 볼 수 없다고 보아, 헌법 제36조 제1항과 평등원칙 위배와 관련한 청구인의 주장에 대하여서는 별도로 판단하지 아니하였다. 이에 따라 대상결정에서는 특별수익자 조항이 배우자의 특수성을 고려하여 특별수익자가 배우자인 경우 특별수익 산정에 관한 예외규정을 두지 않은 것이 상속인인 배우자의 재산권을 침해하는지 여부가 중점적으로 다루어졌다.

(3) 가사비송 조항의 위헌 여부

가사소송법 제2조 제1항 제2호 나목 10)(이하 '가사비송 조항'이라
한다)에 따르면 상속재산의 분할에 관한 처분에 대한 심리와 재판
은 가정법원의 전속관할로 한다. 청구인은 상속재산분할에 관한
사건은 상속재산의 범위 등 실체법상 권리관계의 확정을 전제로
하므로 가사소송절차에 따라야 함에도, 가사비송 조항은 상속재산
분할 사건을 가사비송절차에 의하도록 규정하고 있어, 상속재산분
할을 청구하고자 하는 상속인의 재산권, 재판청구권을 침해하며,
평등원칙 및 혼인과 가족제도의 보장을 규정한 헌법 제36조 제1항
에도 위배된다고 주장하였다.

헌법재판소는 청구인의 재산권 침해 주장에 대하여, 가사비송
조항이 상속재산분할에 관한 사건의 절차를 규정하고 있을 뿐이
고, 재산권 내지 상속권을 제한하는 내용을 규정하고 있지 아니하
고 있어 재판을 매개로 한 단순히 간접적인 관련성만을 가질 뿐이
라고 하며, 재산권 침해 여부에 관하여서는 별도로 판단하지 아니
하였다. 또한 청구인의 평등원칙과 헌법 제36조 제1항 위배 주장
에 대하여, 가사비송 조항이 상속재산분할에 관한 사건의 절차를
규정한 조항이므로 재판청구권 침해 여부가 문제될 뿐이고, 혼인
과 가족의 부당한 차별을 금지하고 있는 헌법 제36조 제1항이 문
제된다고 보기 어려우며, 피상속인의 사망 전에 이혼한 전 배우자
와 그렇지 않은 배우자는 평등원칙 위배 여부를 판단하기 위한 유
의미한 비교집단이 된다고 보기 어렵다고 하면서, 헌법 제36조 제
1항과 평등원칙 위배여부에 관하여서도 별도로 판단하지 아니하
였다. 헌법재판소는 '공정한 재판을 받을 권리'는 헌법 제27조의
재판청구권에 의하여 함께 보장된다고 하면서, 가사비송 조항이
상속재산분할을 청구하려는 자의 재판청구권, 특히 공정한 재판을

받을 권리를 침해하는지 여부를 검토하였다.

2. 이론적 검토

(1) 특별수익자 조항의 재산권 침해 여부 판단

(가) 심사기준

상속권은 재산권의 일종이고 상속제도나 상속권의 내용은 입법자가 입법정책적으로 결정하여야 할 사항으로서 입법자는 상속권의 내용과 한계를 구체적으로 형성함에 있어서 일반적으로 광범위한 입법형성권을 가진다.[4] 대상결정은 특별수익자 조항이 특별수익자의 상속분에 관한 규정으로 상속권의 내용과 한계를 구체적으로 형성하므로, 특별수익자 조항이 배우자의 특수성을 고려하여 특별수익자가 배우자인 경우 특별수익 산정에 관한 예외규정을 두지 않은 것이 입법형성권의 한계를 일탈하였는지 여부를 중심으로 검토하였으며, 이러한 심사기준은 타당한 것으로 보인다.

(나) 특별수익자 조항의 위헌 여부에 대한 헌법재판소의 판단

대상결정은 특별수익자가 배우자인 경우에 대하여서만 실질적 공동재산의 청산, 배우자 여생에 대한 부양의무 이행의 요소에 해당하는 부분을 특별수익에서 공제하는 등으로 특별수익 산정에 관한 예외규정을 둔다면 ① 공동상속인 사이에 공평을 해치게 되어 특별수익자 조항의 입법목적과 배치되는 결과를 가져오고, ② 증여 또는 유증된 가액의 대부분이 특별수익에서 제외될 가능성도 있어 이 사건 특별수익제도 자체를 유명무실하게 만들 우려가 있

---

4) 헌재 1998.8.27. 96헌가22 등; 헌재 2014.8.28. 2013헌바119 참조.

다는 점을 근거로 들어, 특별수익자가 배우자인 경우 특별수익 산
정에 관한 예외규정을 두지 않은 것에는 합리성과 정당성이 인정
된다고 보았다. 또한 ③ 대법원이 해당 수증분의 특별수익 해당 여
부에 관하여는 구체적인 사안에 따라 제한적으로 해석하고 있으므
로,5) 특별수익자 조항을 통하여 상속인인 배우자에게 인정되는 특
별수익의 범위가 불합리하게 산정된다고 할 수 없어 상속인인 배
우자의 재산권을 침해한다고 보기도 어렵다고 판시하였다. 그 외
에도 ④ 민법이 배우자의 일반적 특수성을 고려하여 배우자의 법
정상속분을 직계비속 또는 직계존속 공동상속인들의 상속분에서
5할을 가산하여 산정하고(민법 제1009조 제2항), 배우자가 상당한
기간 동거, 간호 그 밖의 방법으로 피상속인을 특별히 부양하거나
피상속인의 재산의 유지 또는 증가에 관하여 특별히 기여하였을
경우에는 민법의 기여분 제도(민법 제1008조의2 제1항)를 통하여 상
속분 산정 시 해당 부분을 기여분으로 인정받을 수 있도록 하는 등
배우자의 특수성을 구체적 상속분 산정에서 고려할 수 있는 장치
를 이미 마련하고 있는 점을 언급하였다. 마지막으로 ⑤ 이혼과 배
우자의 사망이 비록 혼인관계의 종료를 가져온다는 점에서 공통성
이 있다 하더라도 그로 인한 재산관계, 신분관계는 여러 가지 면에
서 차이가 있다는 점을 근거로, 특별수익자 조항이 이혼 시 재산분
할과 유사하게 상속인이 배우자인 경우 특별수익 산정에 관한 예
외규정을 두지 않았다고 하더라도 입법재량의 한계를 일탈하여 배
우자인 상속인의 재산권을 침해한다고는 보기 어렵다고 판시하였
다. 이하에서는 대상결정의 논거 중 특별수익자 조항의 의의 및 입
법목적(다항), 민법상 배우자의 특수성 고려 방안(라항), 이혼으로

---

5) 대법원 1998.12.8. 선고 97므513, 520, 97스12 판결; 대법원 2014.11.25.
   자 2012스156, 157 결정 참조.

인한 재산분할과의 차이점(마항)을 중심으로 비판적인 관점에서 검토해보겠다.

(다) 특별수익자 조항의 의의 및 입법목적

특별수익자 조항은 공동상속인이 피상속인으로부터 받은 증여와 유증, 즉 특별수익을 상속재산으로 보고 이를 기초로 각자의 상속분을 산정하도록 하는 것이다. 특별수익에 해당하는 증여가 있는 경우 그 가액을 상속개시 시 피상속인의 재산의 가액에 합산하여 이를 상속재산으로 상정하나, 유증의 경우에는 상속개시 시 피상속인의 재산에 포함되어 있으므로 이를 가산할 필요가 없다. 여기서 특별수익자가 자신이 이미 받은 증여 또는 앞으로 받을 유증의 가액 중 상속분 초과금액을 다른 상속인들에게 넘겨줄 의무는 '조정의무'[6] 또는 '반환의무'[7]라고 불린다. 이러한 상정상속재산액에 각 공동상속인의 법정 내지 지정상속분을 곱하여 일응의 상속분을 산정한다. 이후 특별수익이 있는 상속인, 즉 특별수익자의 경우에는 특별수익을 공제한 잔액을 구체적 상속분액으로 파악한다.

특별수익자 조항은 상속에 있어서 공동상속인들 사이의 공평을 기하도록 하기 위한 목적이라고 설명된다. 그런데 특별수익자 조항은 해당 조문만을 놓고 판단할 것이 아니라 상속제도의 큰 틀 안에서 살펴보아야 하는데, 상속제도의 근거는 피상속인의 의사에서

---

6) 곽윤직, 『상속법』 개정판, 박영사, 2004, 95면; 윤진수, 『친족상속법 강의』, 박영사, 2016, 365면.

7) 김주수 · 김상용, 『주석 민법 [상속(1)]』 제4판, 한국사법행정학회, 2015, 371면; 박동섭, 『친족상속법』 제4판, 박영사, 2013, 581-582면; 박병호, 『가족법논집』, 진원, 1996, 334-337면; 송덕수, 『친족상속법』 제3판, 박영사, 2017, 319면; 이경희, 『가족법』, 법원사, 2017, 434면; 전경근, "특별수익, 유류분 그리고 재혼", 「가족법연구」 제24권 제3호, 2010, 433면.

찾는 것이 타당하다. 민법 제1078조가 포괄적 유증을 인정하면서 포괄적 유증을 받은 자는 상속인과 동일한 권리의무가 있다고 규정하고 있으며, 유류분을 침해하지 않는 한 피상속인의 의사에 따라 상속재산이 수유자에게 귀속된다는 점에 비추어 보아도 그러하다. 그러므로 상속제도는 자신의 재산을 혈족에게 승계해 주려 한다는[8] 피상속인의 잠재적 의사를 추정하여 법률로 규정한 것이라고 보는 것이 합리적이다.[9] 여기서 특별수익자 조항의 입법목적으로서 공동상속인들 사이의 공평과 상속제도의 근간으로서 피상속인의 의사는 긴장관계에 놓인다. 특히 민법 제1008조는 강행규정으로 보아야 하므로,[10] 피상속인의 의사에 의해 특별수익자 조항의 적용을 배제하는 것은 불가능하다.

피상속인이 그 자신의 의지로 공동상속인 중 일부에게만 증여 또는 유증하였음에도 불구하고, 이를 상속분의 선급으로 이해한다는 점에서, 특별수익자 조항은 공동상속인 중 일부에게만 상속분과 별도의 재산적 이익을 부여하고자 하는 피상속인의 의사와 반대되는 결과를 낳을 수 있다. 배우자에 대한 재산의 증여 또는 유증은 그의 공동재산형성에의 기여나 부양을 고려한 것을 확률이 크다는 점에서, 피상속인의 의사를 더욱 존중해야 한다. 그런데 특별수익자 조항은 피상속인의 의사보다 공동상속인들 사이의 공평을 앞세운 것으로서 상속제도에서 예외적인 규정이므로, 그 적용에 있어서는 제한적으로 해석하여야 한다.

---

8) 윤진수,『친족상속법 강의』, 박영사, 2016, 277-278면.

9) 정다영, "배우자 상속의 강화방안",「가족법연구」제31권 제3호, 2017, 298면.

10) 김주수 · 김상용,『주석 민법 [상속(1)]』제4판, 한국사법행정학회, 2015, 381면.

(라) 민법상 배우자의 특수성 고려 방안

대상결정은 민법이 법정상속분 및 기여분과 같이 배우자의 특수성을 구체적 상속분 산정에서 고려할 수 있는 장치를 마련하고 있다는 점을 근거로, 특별수익자가 배우자인 경우라도 특별수익 산정에 관한 예외를 둘 필요가 없다고 판시하였다.

그런데 우선 법정상속분의 경우를 보면, 배우자의 법정상속분에 5할을 가산한 것은 상속제도의 근거에 비추어 볼 때, 배우자 외에 직계존·비속 등도 공동으로 상속관계에 개입될 수 있는 상황에서 상속재산에 대한 배우자의 기여분 청산과 피상속인 사후 배우자의 생활보장적 성격 등에 비추어 배우자에게 보다 많은 재산을 승계해 주려는 피상속인의 의사를 추정한 것으로 볼 수 있다.

다음으로 기여분은 배우자에게만 인정되는 것이 아니라 공동상속인 모두에게 인정될 수 있으므로, 기여분이 구체적 상속분 산정에서 배우자의 특수성을 고려하는 장치라고 보기 어렵다. 특히 기여자가 배우자일 경우 기여분은 배우자로서 통상 기대되는 정도를 넘어 특별히 기여한 경우로서, 상당한 기간 동거·간호, 그 밖의 방법으로 피상속인을 특별히 부양하거나, 피상속인 재산의 유지 또는 증가에 대한 특별한 기여가 있을 경우에만 인정되기 때문이다.

(마) 이혼으로 인한 재산분할과의 차이점

대상결정은 이혼으로 인한 재산분할제도는 배우자 쌍방 간의 문제로 ⓐ 혼인 중 쌍방의 협력으로 형성된 공동재산의 청산이라는 성격에, ⓑ 경제적으로 곤궁한 상대방에 대한 부양적 성격이 보충적으로 가미된 제도인 반면, 배우자 사망으로 인한 상속의 경우에는 배우자 외에 직계존·비속 등도 공동으로 상속관계에 개입될 수 있는 상황에서 Ⓐ 상속재산에 대한 가족원의 기여분 청산과 Ⓑ 피상속인 사후 가족원의 생활보장적 성격을 가진다는 점에서 이혼으로 인한 재산분할제도와는 본질적인 차이가 있는 것이라고 판시하였다. 그런데 여기서 주된 성격인 ⓐ 혼인 중 쌍방의 협력으로 형성된 공동재산의 청산이라는 측면은 Ⓐ 상속재산에 대한 가족원의 기여분 청산에 대응하는 측면이 있고, 보충적으로 가미된 ⓑ 경제적으로 곤궁한 상대방에 대한 부양적 성격은 Ⓑ 피상속인 사후 가족원의 생활보장적 성격과 유사한 측면이 있으므로, 이혼으로 인한 재산분할과의 차이는 명백한 것이라고 보기 어렵다. 물론 대상결정의 판시와 같이 상속제도나 상속권의 내용은 입법자가 입법정책적으로 결정하여야 할 사항으로서 입법자는 상속권의 내용과 한계를 구체적으로 형성함에 있어서 일반적으로 광범위한 입법형성권을 가지므로, 특별수익자 조항이 이혼 시 재산분할과 유사하게 상속인이 배우자인 경우 특별수익 산정에 관한 예외규정을 두지 않았다고 하더라도 입법재량의 한계를 일탈하여 배우자인 상속인의 재산권을 침해한다고는 보기는 어렵다. 그러나 여전히 입법론적 검토의 필요는 남는다.

(2) 가사비송 조항의 재판청구권 침해 여부 판단

(가) 심사기준

헌법 제27조 제1항의 재판청구권에 의하여 보장되는 공정한 재판을 받을 권리는 원칙적으로 제도적으로 보장되는 성격이 강하므로, 그에 관하여는 상대적으로 폭넓은 입법형성권이 인정된다.[11] 대상결정은 특히 상속재산분할에 관한 다툼이 발생한 경우 이를

---

11) 헌재 2012.12.27. 2011헌바155 참조.

가사소송 또는 민사소송 절차에 의하도록 할 것인지, 아니면 가사
비송 절차에 의하도록 할 것인지 등을 정하는 것은 원칙적으로 입
법자가 소송법의 체계, 소송 대상물의 성격, 분쟁의 일회적 해결
가능성 등을 고려하여 형성할 정책적 문제라고 보았다. 따라서 가
사비송 조항이 청구인의 공정한 재판을 받을 권리를 침해하는지
여부에 관하여 재판의 공정성을 훼손할 정도로 현저히 불합리한
입법형성을 함으로써 그 한계를 벗어났는지 여부에 의하여 검토하
였으며, 이러한 심사기준은 타당한 것으로 보인다.

(나) 가사비송 조항의 위헌 여부

대상결정은 상속재산분할의 결과가 단순히 사법상의 권리·재
산관계를 넘어서서 가정의 평화와 친족 간의 우애 등 가족공동체
의 안정에 커다란 영향을 미치게 된다는 점을 지적하면서, 상속재
산분할에 관한 사건의 특수성을 감안할 때, 구체적인 상속분의 확
정과 분할의 방법에 관하여서는 가정법원이 당사자의 주장에 구애
받지 않고 해당 상속재산의 종류 및 성격, 상속인들의 의사, 상속
인들 간의 관계, 상속재산의 이용관계, 상속인의 직업·나이·심
신상태, 상속재산분할로 인한 분쟁 재발의 우려 등 여러 사정을 고
려하여 법원이 후견적 재량에 따라 합목적적으로 판단하여야 할
필요성이 더 크게 인정된다고 보았다. 만약 상속이 단순히 법정상
속분대로 이루어진다면 모르거니와, 기여분이나 특별수익과 같이
공동상속인 간의 형평 또한 고려할 필요가 있는 상속재산분할의
경우에는 법원의 후견적 재량이 요구되므로, 이를 가사비송사건으
로 파악한 가사비송 조항은 충분히 합리성이 인정된다.

또한 대상결정은 ① 가사소송법은 상속재산분할에 관한 사건과
같은 마류 가사비송사건의 경우 그 실질이 민사소송과 유사하다는

점을 고려하여, 사건관계인의 원칙적 심문(가사소송법 제48조) 등 당사자의 공격방어권을 담보하기 위한 장치를 마련하고 있는 점, ② 가사비송사건에서의 증거조사는 실질적으로 민사소송의 예에 의하게 되는 점 및 ③ 상속재산의 분할청구와 같이 금전의 지급이나 물건의 인도, 기타 재산상의 의무이행을 구하는 청구에 대하여는 원칙적으로 그 청구의 취지를 초과하여 의무의 이행을 명할 수 없도록 하여(가사소송규칙 제93조 제2항) 민사소송절차에서의 처분권주의와 유사하게 심판절차를 운영하고 있는 점 등 절차와 심리방식에 있어 당사자의 공격방어권과 처분권을 담보하기 위한 여러 제도들을 마련하고 있음을 들어, 가사비송 조항이 입법재량의 한계를 일탈하여 청구인의 재판청구권을 침해한 것이라고는 할 수 없다고 판시하였는데, 이러한 결론 및 이유 또한 타당하다.

3. 관련판례

대상결정에서 특별수익자 조항과 관련하여 헌법재판소가 원용하고 있는 대법원 1998.12.8. 선고 97므513, 520, 97스12 판결 및 대법원 2014.11.25. 선고 2012스156, 157 결정은 "민법 제1008조는 '공동상속인 중에 피상속인으로부터 재산의 증여 또는 유증을 받은 자가 있는 경우에 그 수증재산이 자기의 상속분에 달하지 못한 때에는 그 부족한 부분의 한도에서 상속분이 있다.'고 규정하고 있는바, 이는 공동상속인 중에 피상속인으로부터 재산의 증여 또는 유증을 받은 특별수익자가 있는 경우에 공동상속인들 간의 공평을 기하기 위하여 그 수증재산을 상속분의 선급으로 다루어 구체적인 상속분 산정 시 참작하도록 하려는 데 그 취지가 있다. 여기에서 어떠한 생전증여가 특별수익에 해당하는지는 피상속인의 생전의 자산, 수입, 생활 수준, 가정상황 등을 참작하고 공동상속인들 간의 형평을 고려하여 당해 생전증여가 장차 상속인으로 될 사람에게 돌아갈 상속재산 중의 그의 몫의 일부를 미리 준 것으로 볼 수 있는지에 의하여 결정하여야 한다"고 판시하고 있다. 실제로 과거의 판례들 중에는 공동상속인 중 피상속인으로부터 재산의 증여 또는 유증을 받은 자가 있는 경우에는 그러한 증여 또는 유증을 특별수익으로 판단하는 경우가 적지 아니하였다.

　그러나 위 대법원 2014.11.25. 선고 2012스156, 157 결정 또한 피상속인 명의의 은행계좌에서 인출된 금원, 상대방의 혼수비용, 상대방의 자녀에게 송금한 유학비용과 국내 체류비용 등은 특별수익으로 볼 수 없거나 피상속인이 증여하였다고 볼 증거가 부족하다는 이유로 특별수익에 관한 주장을 배척하였다. 뿐만 아니라 대법원 판결 중에는 생전증여를 받은 상속인이 배우자로서 일생 동안 피상속인의 반려가 되어 그와 함께 가정공동체를 형성하고 이를 토대로 서로 헌신하며 가족의 경제적 기반인 재산을 획득·유지하고 자녀들에게 양육과 지원을 계속해 온 경우, 생전증여에는 배우자의 기여나 노력에 대한 보상 내지 평가, 실질적 공동재산의 청산, 배우자 여생에 대한 부양의무 이행 등의 의미도 함께 담겨 있다고 봄이 타당하므로 그러한 한도 내에서는 생전증여를 특별수익에서 제외하더라도 자녀인 공동상속인들과의 관계에서 공평을 해친다고 말할 수 없다고 본 사례가 있다(대법원 2011.12.8. 선고 2010다66644 판결). 이 판결은 특별수익의 결정에서 사실상 기여분을 고려한 것으로서, 이론적으로는 다소 문제가 있다고 판단된다.12)

---

12) 윤진수,『친족상속법 강의』, 박영사, 2016, 368면.

　부부 사이에는 실질적 공동재산의 청산이나 배우자 여생에 대한 부양의무 이행의 요소에 해당하는 부분이 있기 때문에, 피상속인의 배우자에 대한 증여 또는 유증은 다른 공동상속인에 대한 증여 또는 유증과는 일부 다른 측면에서 논의할 필요가 있고, 이러한 점에서 대상결정이 언급한 대법원 판례에서 특별수익자 조항을 제한적으로 해석하고자 하는 시도는 긍정적으로 볼 수 있다. 그러나 별개의 제도인 기여분을 특별수익의 결정에서 고려하는 점 및 법률에 규정이 없는 특별수익자 조항의 제한을 판례로써 인정하여 구체적 사실관계에 따라 달리 판단하는 점은 타당하지 않다. 이는 상속제도의 취지를 고려하여 피상속인의 의사에 따라 특별수익의 적용범위를 축소할 수 있도록 입법적으로 규정함이 바람직하다. 즉, 피상속인의 당해 증여 또는 유증이 상속인으로 될 사람에게 돌아갈 상속재산 중 그의 몫의 일부를 미리 주거나 이를 명시한 것에 불과한 것인지, 또는 상속분과 별도로 재산을 주고자 한 것인지 피상속인의 의사를 탐구하여 그에 따라 특별수익 여부를 판단하도록 규정하여야 할 것이다. 이러한 점에서 유증의 경우에는 피상속인의 의사를 존중한다는 측면에서 애초에 조정의무 내지 반환의무가 인정되는 특별수익으로 파악하지 않아야 할 것이다. 공동상속인들 사이의 형평 내지 공평을 꾀하는 것 또한 상속에 있어서 중요한 가치이나, 이는 결국 피상속인의 의사와 공동상속인 사이의 형평 사이에서 어느 편의 손을 들어줄 것인가의 문제이기 때문이다.[13]

---

13) 정다영, "특별수익과 배우자의 상속분", 「입법과 정책」 제10권 제1호, 2018, 41-45면에서는 미국 통일유언검인법(Uniform Probate Code) 제2-109조, 독일 민법 제2050조, 프랑스 민법 제843조, 일본 민법 제903조 등을 비교·분석한 후 다음과 같은 안을 제시하고 있다.

　〈안 1〉 제1008조에서 유증 부분 삭제, 한편 증여의 경우 특별수익에 해당하나, 피상속인이 반대의 의사표시 가능

4. 대상결정의 의의

상속제도나 상속권의 내용 및 재판청구권에 의해 보장되는 공정한 재판을 받을 권리는 입법자가 입법정책적으로 결정하여야 할 사항으로서, 입법자는 그 내용과 한계를 구체적으로 형성함에 있어서 일반적으로 광범위한 입법형성권을 가진다. 대상결정은 이러한 심사기준에 기하여, 특별수익자 조항과 가사비송 조항은 입법재량의 한계를 벗어나 배우자인 상속인의 재산권이나 상속재산분할에 관한 사건을 제기하고자 하는 자의 공정한 재판을 받을 권리를 침해한다고 볼 수 없다고 판시하였으며, 그 논거로서 특별수익자 조항의 입법목적, 공동재산형성이나 배우자부양의 측면을 고려한 민법의 규정과 판례의 태도 및 상속재산분할에 관한 사건에 있어 법원의 후견적 재량의 필요성 등을 검토하였다는 점에서 의의가 있다.

그러나 특별수익자 조항의 입법목적으로서 공동상속인들 사이의 공평과 상속제도의 근간으로서 피상속인의 의사는 긴장관계에 놓이므로 특별수익자 조항의 적용에 있어서는 신중을 기하여야 할

제1008조(특별수익자의 상속분) 공동상속인 중에 피상속인으로부터 재산의 증여를 받은 자가 있는 경우에 그 수증재산이 자기의 상속분에 달하지 못한 때에는 그 부족한 부분의 한도에서 상속분이 있다. 그러나 피상속인이 반대의 의사를 표시한 때에는 그러하지 아니하다.
〈안 2〉 제1008조에서 유증 부분 삭제, 한편 배우자 이외의 공동상속인에 대한 증여는 특별수익에 해당하나, 피상속인이 반대의 의사표시 가능
제1008조(특별수익자의 상속분) 공동상속인 중 배우자 이외의 자가 피상속인으로부터 재산의 증여를 받은 경우에 그 수증재산이 자기의 상속분에 달하지 못한 때에는 그 부족한 부분의 한도에서 상속분이 있다. 그러나 피상속인이 반대의 의사를 표시한 때에는 그러하지 아니하다.

것이라는 점, 기여분은 배우자에게만 인정되는 것이 아니라 공동
상속인 모두에게 인정될 수 있으므로, 기여분이 구체적 상속분 산
정에서 배우자의 특수성을 고려하는 장치라고 보기 어려운 점, 이
혼으로 인한 재산분할제도와 배우자 사망으로 인한 상속의 차이가
명백한 것이라고 보기 어려운 점, 대상결정이 원용하고 있는 대법
원 판결이 법률에 규정이 없는 특별수익자 조항의 제한을 판례로
써 인정하여 구체적 사실관계에 따라 달리 판단하는 것은 타당하
지 않다는 점을 염두에 두어야 할 것이다. 궁극적으로는 입법론적
해결이 요구되는바, 유증은 상속분의 선급이라거나 특별수익에 해
당하지 않는다고 할 것이고, 증여는 상속분의 선급으로 보더라도,
피상속인의 의사에 따라 그러한 특별수익의 추정을 배제할 여지를
남겨두는 방안 등을 고려할 수 있다.

참고문헌

곽윤직, 『상속법』 개정판, 박영사, 2004.

김주수·김상용, 『주석 민법 [상속(1)]』 제4판, 한국사법행정학회, 2015.

김주수·김상용, 『친족·상속법』 제14판, 법문사, 2017.

김주수 외 편, 『주석 상속법(상)』, 한국사법행정학회, 1996(이희배 집필 부분).

박동섭, 『친족상속법』 제4판, 박영사, 2013.

박병호, 『가족법논집』, 진원, 1996.

송덕수, 『친족상속법』 제3판, 박영사, 2017.

윤진수, 『친족상속법 강의』, 박영사, 2016.

이경희, 『가족법』, 법원사, 2017.

권은민, "상속분, 기여분, 특별수익", 「재판자료」 제78집, 법원도서관, 1998.

윤진수, "초과특별수익이 있는 경우 구체적 상속분의 산정방법", 서울대학교 「법학」 제38권 제2호, 1997.

이승우, "피상속인의 의사와 상속인의 보호", 「성균관법학」 제18권 제3호, 2016.

이은정, "특별수익의 반환기준에 관한 재검토", 「가족법연구」 제10호, 1996.

전경근, "특별수익, 유류분 그리고 재혼", 「가족법연구」 제24권 제3호, 2010.

정구태, "공동상속인 간의 유류분 반환과 특별수익－헌법재판소 2010. 4.29. 선고 2007헌바144 결정을 중심으로", 「가족법연구」 제24권 제3

호, 2010.

정다영, "배우자 상속의 강화방안", 「가족법연구」 제31권 제3호, 2017.

정다영, "특별수익과 배우자의 상속분", 「입법과 정책」 제10권 제1호, 2018.

정현수, "상속분의 선급으로서 특별수익에 관한 재론", 「홍익법학」 제15권 제4호, 2014.

상속포기의 효력과 대습상속

―대법원 2017.1.12. 선고 2014다39824 판결―

우병창*

Ⅰ. 사실관계

① 채무의 발생 경과

원고 A(○○보증보험회사)는 1993.4.28. 소외 C, 소외 D와 피보험자를 B(○○교육보험주식회사)로 정하여 대출보증보험계약을 체결하였는데, 병(본 사안의 피대습상속인)은 C와 D의 원고에 대한 위계약상 구상금채무를 연대보증하였다.[1] C와 D가 B회사에 대한 대출원리금의 지급을 연체하자, A는 1995.7.25. B회사에 해당 금액을 대위변제하였다.

---

* 숙명여자대학교 법과대학 교수, 법학박사.
1) 이하에서는 원고(채권자)를 A로, 연대채무자를 병으로, 병의 제1순위 상속인인 배우자를 갑1로, 그 자녀들을 각각 갑2~4로 지칭한다.

② 채무자의 사망(제1차 상속개시)과 상속인의 상속포기

연대채무자 병(본건의 피대습상속인)은 2000.11.24. 사망하였고, 그 유족으로는 배우자인 갑1과 그 자녀들인 갑2~4 등[2]이 있었다. 병의 제1순위 상속인인 배우자 갑1과 자녀들 갑2~4는 상속포기(창원지방법원 2001느단50호)를 하였고, 병의 어머니 을(제2차 상속의 피상속인)이 제2순위 상속인(직계존속)으로서 병이 남긴 재산을 단독상속하게 되었다.[3]

③ 상속인의 사망(제2차 상속개시)과 대습상속

갑1~4의 상속포기로 인하여 병의 재산을 상속하였던 을은 2004. 2.10. 사망하였다. 갑1~4를 비롯한 을의 공동상속인들 중 일부는 한정승인신고를 하여 수리가 되었다. 그러나 갑1~4는 병의 사망 시에 이미 상속포기를 하였으므로 병의 채무로부터 완전히 벗어났다고 판단하고 을의 사망에 따른 상속포기나 한정승인을 다시 하지는 아니하였다. 이에 A는 을의 사망 이후 상속포기나 한정승인을 하지 아니한 갑1~4가 을의 채무의 일부를 공동으로 상속하였다고 주장하면서 2012.9.28. 각 상속지분[4]에 따른 구상금채무의 이행을 청구하는 소를 제기하였다.[5]

---

2) 소외 1인이 더 있으나 피고가 아니었으므로 언급하지 아니한다.

3) 원심판결에 이 당시 을의 연령, 정신상태, 재산상태 등이 자세하게 나와 있지 아니하여 을의 단독상속이 정상적으로 이루어졌는지 여부는 확인할 수 없으나 이 사건까지 이르게 된 것으로 보아 을이 병을 상속하는 데에 절차적인 문제는 없었던 것으로 추정된다.

4) 을의 직계비속은 5명이었으나 병과 소외 1인은 이미 사망하였다. 병에게는 배우자 갑1과 자녀 4명이 있었다. 그러므로 갑1의 상속분은 [1/5×3/11]이고, 자녀 넷의 상속분은 각각 [1/5×2/11]이었다.

5) 이 사안의 경우 대습상속인 갑1~4 외에도 원고 A가 구상금채무를 공동상속하였다고 주장하는 을의 직계비속은 4명이 더 있지만, 갑1~4 외에는 대

④ 대습상속인 갑1과 갑2~4의 항변

피고 갑1~4는 을의 사망 당시에는 을의 상속채무(소극재산)가 상속재산(적극재산)을 초과한다는 사실을 알지 못하였다고 주장하였다. 그리고 A의 소장 부본을 받은(2012.10.16.) 후 2013.1.4.에 한 정승인신고를 하였고, 그 신고가 2013.5.6.에 수리되었으므로 A의 청구는 부당하다고 주장하였다.

Ⅱ. 원심판결

1. 제1심의 판결요지[6]

이 사건의 경우 피상속인 을이 사망 후 상속인(본위상속 또는 대습상속으로 인하여)이 된 사람이 10여 명에 이를 정도로 복잡해 보인다. 그렇지만 이 글에서는 원심 및 상고심에서 소송당사자인 갑1~4만 검토의 대상으로 삼고자 함은 앞에서 언급하였다.[7]

제1심에서는 대상판결과 관련 없는 일부 피고들에 대하여는 공시송달 또는 자백간주에 의하여 원고A의 청구가 인용되었고, 피고 갑1~4에 대하여는, "피고들이 늦어도 원고A가 일부 피고들을 상대로 제기한 창원지방법원 2010가소29857호 사건의 소장 부본을 송

상관결의 피고는 아니므로 이 글에서는 갑1~4의 법률관계만 주로 언급한다. 대상판결을 평석한 글로는 이선형, "상속포기의 효과는 대습상속에도 미치는가?"(동북아법연구 제11권 제2호, 전북대학교 동북아법연구소, 2017. 9)가 있으며, 사건관계인 전체에 대해 자세한 것은 이 논문 477면 참조.

6) 창원지방법원 마산지원 2013.8.21. 선고 2012가단11405 판결.

7) 즉 제1심의 피고 중 원심과 상고심의 원고와 피고들 사이의 법률관계만 다루고자 한다.

달받은 2010.경 이미 을(제2차 상속관계에서의 피상속인으로서 연대
채무자 병의 모)의 상속채무가 상속재산을 초과하는 사실을 알았던
것으로 보이므로, 갑1~4가 2013.1.4.에야 비로소 한정승인신고를
하고, 같은 해 5.6. 수리심판을 받았다고 하더라도 그 한정승인은
민법 제1019조 제3항에서 정한 특별한정승인의 요건을 갖추지 못
하여 효력이 없다."고 하여 한정승인이 제대로 이루어지지 아니하
였다고 판단하였다.

또한 "갑1~4는 이 사건 구상금채권이 A의 대위변제일인 1995.7.
25.부터 10년이 경과하여 시효로 소멸하였다는 취지로 항변하나,
A가 1995.8.경 이 사건 구상금채권을 청구채권으로 하여 구상금채
무자인 병 소유였던 부동산에 관하여 가압류 신청을 하여 1995.
8.17. 그 결정(창원지방법원 95카단7566호)을 받아 같은 해 8.21. 집
행한 사실에 비추어 보면 소멸시효의 중단을 주장하는 원고의 재
항변은 이유 있다. 더불어 소외인들이 이 사건 소장 부본을 송달
받은 후인 2013.4.25. 법원에 상속포기 심판청구서를 접수한 사실
은 인정되나,[8] 그것만으로 상속포기의 효력이 발생하였다고 단정
할 수 없으므로 위 피고들의 주장은 이유 없다"고 하여 원고 A의
청구를 모두 받아들여 원고 전부승소판결을 하였다.[9] 이에 피고
갑1~4가 항소한 것이다.[10]

---

8) 위 상속포기 심판청구 사건은 2013.11.27. 청구 각하되었다.

9) 이선형, 앞의 논문, 478면 참조. 권영준, "2017년 민법 판례 동향", 서울대
   학교 법학 제59권 제1호(통권 제186호)(서울대학교 법학연구소, 2018.3),
   539면 참조.

10) 1심의 판결요지는 이선형, 앞의 논문, 478면에서 참고하여 재구성한 것임.

2. 원심(항소심)판결[11]

(1) 원심의 판단

원심은 제1심에 대하여,

첫째, 제1심 판결 중 피고들에 대한 부분을 취소한다.

둘째, 원고의 피고들에 대한 청구를 모두 기각한다.

셋째, 원고와 피고들 사이에 생긴 소송 총비용은 원고가 부담한다.

고 하며 제1심 판결을 뒤집고 갑1~4의 승소로 판결하였다.

(2) 피고 갑1~4의 항변과 원심의 판단

① 소의 이익이 있는지 여부(적극)

피고측은 "이 사건 구상금채권에 관하여 원고A는 1997.10.2. 병을 상대로 〈창원지방법원 97가단20819호〉로 승소 확정판결을 받은 후 소멸시효를 중단시키기 위하여 이 사건 소를 제기하였는데, A가 이 사건 구상금채권을 피보전채권으로 하여 병 소유의 부동산을 이미 가압류한 결과 위 가압류에 의하여 시효중단의 효력이 계속되고 있기 때문에 A로서는 소멸시효를 중단시키기 위한 이 사건 소를 제기할 필요가 없다 할 것이므로, 시효중단을 위한 이 사건 소는 소의 이익이 없어 부적법하다"고 주장하였다.

이에 대하여 원심은 "이 사건 소는 병이 아닌 갑1~4를 상대로 제기된 것인데 피고들이 병의 재산상속을 포기하였으므로 피고들이 이 사건 구상금채무를 상속받지 않았다고 다투고 있는 이상 상속채무자 확정의 곤란성 등 상속제도의 특성을 고려할 때 구상금채

---

11) 창원지방법원 2014.5.21. 선고 2013나10875 판결.

무의 소멸시효 완성 여부와 관계없이 소의 이익이 있다. 또한 병을 상대로 한 A의 〈창원지방법원 97가단20819호〉 소송이 확정된 날부터 이미 10년이 훨씬 지나 형식상 위 판결에 터잡은 채권의 소멸시효가 이미 완성되었으므로 A로서는 새로운 채무명의를 받아야 할 필요가 있어 보이는 사정 등에 비추어 보면 A의 제소는 소의 이익이 있다"고 판단하였다.

② 신의칙 등 위반 여부(소극)

피고측은 "원고A가 〈창원지방법원 97가단20819호〉로 승소 확정판결을 받은 후 시효중단을 위하여 피고 갑1~4를 상대로 〈부산지방법원 2007가단148139호〉로 소를 제기하였다가 피고들이 상속포기 항변을 하자 2007.12.경 소를 취하하였는데, A가 갑1~4를 상대로 다시 동일한 소송인 이 사건 소를 제기하는 것은 신의칙, 금반언의 원칙에 반하여 허용될 수 없다"고 주장하였다.

이에 대하여 원심은 "본안에 대한 종국판결이 있기 전에 소를 취하하였다면 같은 소를 제기하는 데에 제약이 없으므로, 피고 갑1~4가 제출한 증거만으로는 원고가 피고들을 상대로 다시 동일한 소송인 이 사건 소를 제기하는 것이 신의칙, 금반언의 원칙에 반하여 허용될 수 없다고 인정하기에 부족하다"고 판단하였다.

3. 본안에 관한 원심의 판단

(1) 당사자의 주장

① 원고의 주장

갑1~4는 병의 재산을 단독상속한 을의 재산 중 병의 상속지분을 대습상속하였으므로 원고에게 이 사건 구상금채무 중 피고들의 상속지분에 해당하는 돈을 변제할 의무가 있다.

② 피고들의 주장

갑1~4가 병의 재산상속을 포기하였음에도 후순위 상속인인 을을 거쳐 다시 병의 상속분을 대습상속하게 된다면 이는 상속포기 및 대습상속의 제정목적에 역행하는 것이고 이미 포기한 채무를 다시 부담하는 것이 되어 금반언 및 신의성실원칙에도 반한다.

(2) 원심의 판단 결과

① 사실관계의 인정

병이 을의 아들인 사실, 병의 제1순위 상속인인 갑1~4가 상속을 포기하여 제2순위 상속인인 을이 병의 재산을 단독상속한 사실, 그 후 을이 사망하여 갑1~4가 병의 상속분을 대습상속하게 된 사실은 인정된다.

또한 을의 상속재산으로는 부동산이 있고, 구상금채무를 포함한 상속채무가 있는데 이 상속재산과 상속채무는 피상속인 을의 고유재산이나 채무가 아니라 모두 피대습상속인 병으로부터 상속받은 것이며 을의 고유재산이나 채무는 전혀 존재하지 아니한다는 사실도 인정된다.

② 상속포기가 대습상속에도 미치는가에 대한 판단

을의 고유재산이나 채무가 전혀 없는 경우에는 대습상속인 갑1~4가 피대습상속인 병으로부터의 상속을 포기한 효과가 을의 사망에 따른 병의 대습상속에까지 미친다 할 것이고 그 결과 갑1~4는 을의 A에 대한 구상금채무의 대습상속을 포기하는 결과가 되었다 할 것이므로, 갑1~4가 을로부터 구상금채무를 대습상속하였음

을 전제로 한 A의 청구는 더 나아가 살필 필요 없이 이유 없다.[12]

이처럼 원심은 피고 갑1~4의 항소를 인용하였고,[13] 원고 A는 이에 불복하여 상고한 것이다.

III. 대상판결의 요지

이 사건에 대하여 대법원은 "원심판결을 파기하고, 사건을 창원지방법원에 환송한다"고 판결하였으며, 그 요지는 아래와 같다.

1. 상속포기의 효력이 대습상속에도 미치는가

피상속인의 사망으로 상속이 개시된 후 상속인이 상속을 포기하면 상속이 개시된 때에 소급하여 그 효력이 생긴다(민법 제1042조). 따라서 제1순위 상속권자인 배우자와 자녀들이 상속을 포기하면 제2순위에 있는 사람이 상속인이 된다. 상속포기의 효력은 피상속

---

12) 원심이 이러한 결론에 도달한 근거는 첫째, 상속인을 상속채무로부터 보호하기 위한 상속포기제도의 취지로 볼 때 상속인이 상속포기를 한 때에는 그 상속재산을 종국적으로 승계하지 않겠다는 것으로 봄이 상당하다. 둘째, 을에게는 병으로부터 상속받은 재산이나 채무 외에 다른 재산이나 채무가 전혀 없었으므로 이미 포기한 병의 채무를 을을 거쳐 다시 상속받게 하는 것은 모순되는 결과이다. 셋째, 을에게 고유재산이 전혀 없는 경우에는 갑1~4에게 을에 대한 상속의 기대가 있다고 보기 어려우며 상속의 공평을 기할 수도 없으므로 대습상속을 인정할 필요가 없다. 넷째, 전문지식이 없는 피고들에게 을의 사망에 따라 다시 상속포기할 것까지 기대하기는 어렵다 등이다. 이에 관하여 자세한 것은 원심 판결문 참조(대법원 종합법률정보에서 검색 가능).

13) 이러한 원심의 판단은 상속포기의 일반법리에 비추어 볼 때 '무리한 해석'이라는 지적이 있다(권영준, 앞의 논문, 540면).

인의 사망으로 개시된 상속에만 미치고, 그 후 피상속인을 피대습자로 하여 개시된 대습상속에까지 미치지는 않는다. 대습상속은 상속과는 별개의 원인으로 발생하는 것인데다가 대습상속이 개시되기 전에는 이를 포기하는 것이 허용되지 않기 때문이다. 이는 종전에 상속인의 상속포기로 피대습자의 직계존속이 피대습자를 상속한 경우에도 마찬가지이다. 또한 피대습자의 직계존속이 사망할 당시 피대습자로부터 상속받은 재산 외에 적극재산이든 소극재산이든 고유재산을 소유하고 있었는지에 따라 달리 볼 이유도 없다.

2. 대습상속과 단순승인의 간주

피상속인의 사망 후 상속채무가 상속재산을 초과하여 상속인인 배우자와 자녀들이 상속포기를 하였는데, 그 후 피상속인의 직계존속이 사망하여 민법 제1001조, 제1003조 제2항에 따라 대습상속이 개시된 경우에 대습상속인이 민법이 정한 절차와 방식에 따라 한정승인이나 상속포기를 하지 않으면 단순승인을 한 것으로 간주된다. 위와 같은 경우에 이미 사망한 피상속인의 배우자와 자녀들에게 피상속인의 직계존속의 사망으로 인한 대습상속도 포기하려는 의사가 있다고 볼 수 있지만, 그들이 상속포기의 절차와 방식에 따라 피상속인의 직계존속에 대한 상속포기를 하지 않으면 효력이 생기지 않는다. 이와 달리 피상속인에 대한 상속포기를 이유로 대습상속 포기의 효력까지 인정한다면 상속포기의 의사를 명확히 하고 법률관계를 획일적으로 처리함으로써 법적 안정성을 꾀하고자 하는 상속포기제도가 잠탈될 우려가 있다.

3. 대상판결의 결론

갑1~4의 상속포기는 피상속인 병으로부터 상속받는 것을 포기하는 효과가 있을 뿐임이 분명하다. 따라서 병이 부담하는 구상금채무는 병의 사망 후 제1순위 상속인인 갑1~4의 상속포기에 따라 제2순위 상속인인 을에게 단독으로 상속되었다가, 그 후 을의 사망에 따라 병의 대습상속인인 갑1~4 등 공동상속인들에게 공동으로 상속되었다. 병의 사망 후 피고들이 상속포기를 했다고 하더라도 이는 병에 대한 상속포기에 지나지 않아 그 효력이 병의 어머니인 을의 사망에 따른 대습상속에까지 미친다고 볼 수 없다. 을의 사망에 따라 병을 피대습자로 한 대습상속이 개시된 후 피고들이 상속의 효력을 배제하고자 하였다면, 병에 대한 상속포기와는 별도로 다시 민법이 정한 기간 내에 상속포기의 방식과 절차에 따라 을을 피상속인으로 한 상속포기를 하였어야 할 것이다.

원심은 을이 사망 당시 병으로부터 상속받은 재산 외에 고유재산이 없었다는 우연한 사정을 들어 피고들의 병에 대한 상속포기의 효과가 을의 사망에 따른 대습상속에까지 미치므로, 결국 피고들은 을의 원고에 대한 이 사건 구상금채무의 대습상속을 포기하는 결과가 되었다고 판단하였다. 그러나 이러한 원심판결에는 위에서 본 상속포기, 대습상속에 관한 법리를 오해하여 판결에 영향을 미친 잘못이 있다. 이 점을 지적하는 상고이유 주장은 이유 있다.

IV. 해 설

1. 대상판결의 논점

① 상속포기의 효력

제1상속에서 한 상속포기의 효력이 피상속인을 피대습자로 하여 개시된 제2상속(대습상속)에도 미치는지 여부이다. 이에 대하여 원심은 적극적인 입장이었으나 대상판결은 미치지 않는다고 판결하였다. 이것은 상속인의 상속포기로 피대습자의 직계존속이 피대습자를 상속한 경우에도 마찬가지라는 입장이다.

② 피상속인의 고유재산 유무와 대습상속

피대습자의 직계존속이 사망할 당시 피대습자로부터 상속받은 재산 외에 고유재산을 소유하고 있었는지에 따라 달리 보아야 하는지 여부이다. 이에 대하여 원심은 적극적인 입장이었으나 대상판결은 달리 볼 필요가 없다는 입장이다.

③ 대습상속과 단순승인 간주

상속인인 배우자와 자녀들이 상속포기를 한 후 피상속인의 직계존속이 사망하여 대습상속이 개시되었으나 대습상속인이 한정승인이나 상속포기를 하지 않은 경우, 단순승인을 한 것으로 간주되는지 여부이다. 이에 대하여 대상판결은 단순승인을 한 것으로 간주된다고 보았다.

2. 이론적 검토 – 상속포기와 대습상속

(1) 상속의 포기

① 상속포기제도의 취지

상속의 포기는 상속에 관한 법률상 지위를 상실시키는 행위로서 다른 공동상속인 또는 피상속인이나 상속인의 채권자 등에게 미치는 영향이 크다. 그러므로 상속인의 의사에 따라 일단 발생한 상속의 효과를 확정적으로 받아들일 것인가 또는 거부할 것인가를 선택할 수 있어야 하며, 이를 제한하는 유언이나 그 밖의 법률행위는 무효이다.14)

상속포기는 상대방 없는 단독행위로서 상속포기권은 일신전속권에 속하며, 조건이나 기한에 친하지 아니하고 일부만을 포기할 수도 없다.15)

상속인이 상속을 포기할 때에는 제1019조 제1항의 기간('상속개시 있음을 안 날'16)부터 3월) 내에 가정법원에 포기의 신고를 하여야 한다(민법 제1041조).17) 즉 우리 민법은 상속의 효과에 대한 상속인의 의사표시의 존재를 명확히 하고 법률관계를 획일적으로 처리하

---

14) 신영호 · 김상훈, 가족법강의(세창출판사, 2018.3), 416면.

15) 그러므로 상속포기는 채권자취소권의 대상으로 되지 아니한다. 그렇지 아니하면 상속인에게 상속승인을 강요하는 것으로 되기 때문이다(신영호 · 김상훈, 앞의 책, 425면).

16) 여기서 '상속이 개시되었음을 안 날'이라 함은 상속개시의 원인이 되는 사실의 발생을 알고 이로써 자기가 상속인이 되었음을 안 날을 뜻한다(대법원 2013.6.14. 선고 2013다15869 판결).

17) 상속인이 가정법원에 상속포기의 신고를 하였으나 이를 수리하는 심판이 고지되기 전에 상속재산을 처분한 경우, 민법 제1026조 제1호에 따라 상속의 단순승인을 한 것으로 보아야 한다(대법원 2016.12.29. 선고 2013다73520 판결).

기 위하여 상속포기의 기간을 상속개시 있음을 안 날부터 3월내로 제한하고(민법 제1019조 제1항 전문), 상속인이 이 기간 내에 한정승인 또는 포기를 하지 않은 때에는 단순승인을 한 것으로 보고 있다(민법 제1026조 제2호).[18] 그리고 상속의 포기는 취소할 수 없다(민법 제1024조 제1항).[19]

② 상속포기의 절차

상속의 포기는 제1019조에서 정한 기간 내에 가정법원에 포기의 신고를 하여야 한다. 상속포기의 절차와 방식에 대해서는 가사소송법과 동 시행규칙에서 정하고 있는데 상속인 등이 피상속인의 성명과 최후주소, 피상속인과의 관계 등 일정한 사항을 기재하고 기명날인하거나 서명한 서면으로 가정법원에 신고하여야 한다(가사소송법 제36조 제3항, 가사소송규칙 제75조 제1항, 제2항). 그리고 가정법원은 상속포기신고를 수리할 때에는 반드시 심판절차를 거쳐 심판서를 작성하여야 한다(가사소송규칙 제75조 제3항).

상속포기의 기간, 방식 및 절차를 정한 규정들은 강행규정으로서 규정을 위반하여 상속이 개시되기 전(피상속인 또는 피대습상속인의 사망 전)에 포기를 하거나 정해진 방식과 절차를 따르지 않은 포기신청은 효력이 없다.[20]

문제는 이 사안의 경우처럼 이미 유효하게 포기한 상속채무가

---

18) 제2호는 1998.8.27. 헌법재판소의 헌법불합치 결정에 따라 2002.1.14. 민법개정으로 신설된 것이다.

19) 제1항의 규정은 총칙편의 규정에 의한 취소에 영향을 미치지 아니한다. 그러나 그 취소권은 추인할 수 있는 날로부터 3월, 승인 또는 포기한 날로부터 1년 내에 행사하지 아니하면 시효로 인하여 소멸된다(동조 제2항).

20) 대법원 1994.10.14. 선고 94다8334 판결, 대법원 1998.7.24. 선고 98다9021 판결 등도 같은 취지로 판단하였다.

몇 년이 흐른 후에 대습상속으로 인해 다시 상속인에게 돌아오는 경우에도 위에서 언급한 내용대로 적용하여야 하는가이다. 이에 대하여 대상판결은 적극적인 입장이며, 그로 인해 '억울한' 대습상속인이 생길 수 있다는 문제를 남기게 되었다.

(2) 대습상속

① 상속포기와 대습상속

피상속인의 사망으로 상속이 개시된 후 상속인이 상속을 포기하면 상속이 개시된 때에 소급하여 그 효력이 생긴다(민법 제1042조). 따라서 제1순위 상속권자인 배우자와 자녀들이 상속을 포기하면 제2순위에 있는 사람이 상속인이 된다(대법원 1995.4.7. 선고 94다11835 판결 등 참조).[21] 이러한 상속포기의 효력은 피상속인의 사망으로 개시된 상속에만 미치는 것이고, 그 후 피상속인을 피대습자로 하여 개시된 대습상속에까지 미치지는 않는다. 대습상속은 상속과는 별개의 원인으로 발생하는 것인데다가 대습상속이 개시되기 전에는 이를 포기하는 것이 허용되지 않기 때문이다. 이는 종전에 상속인의 상속포기로 피대습자의 직계존속이 피대습자를 상속한 경우에도 마찬가지이다.

그런데 법원이 '상속개시 있음을 안 날'을 확정할 때에 고려하여야 할 사항이 있다. 선순위 상속인인 피상속인의 처와 자녀들이 모두 적법하게 상속을 포기한 경우 누가 상속인이 되는지는 상속의

---

21) 상속을 포기한 자는 상속개시된 때부터 상속인이 아니었던 것과 같은 지위에 놓이게 되므로, 피상속인의 배우자와 자녀 중 자녀 전부가 상속을 포기한 경우에는 배우자와 피상속인의 손자녀 또는 직계존속이 공동으로 상속인이 되고, 피상속인의 손자녀와 직계존속이 존재하지 아니하면 배우자가 단독으로 상속인이 된다(대법원 2015.5.14. 선고 2013다48852 판결).

순위에 관한 민법 제1000조 제1항 제1호, 제2항과 상속포기의 효과에 관한 민법 제1042조 내지 제1044조의 규정들에 따라서 정해질 터인데, 일반인의 처지에서 피상속인의 처와 자녀가 상속을 포기한 경우 피상속인의 손자녀가 그로써 자신들이 상속인이 된다는 사실까지 안다는 것은 이례에 속하므로, 그와 같은 과정을 거쳐 피상속인의 손자녀가 상속인이 된 경우에는 상속개시의 원인사실을 아는 것만으로 손자녀가 자신이 상속인이 되었다는 사실까지 알았다고 보기는 어렵다고 할 것이다. 이러한 경우에 법원이 상속이 개시되었음을 안 날을 확정함에 있어서는 상속개시의 원인사실뿐 아니라 더 나아가 그로써 손자녀가 상속인이 된 사실을 안 날이 언제인지까지도 심리, 규명하여야 한다는 것이 대법원의 입장이다.[22]

② 피상속인의 고유재산 유무와 대습상속

대상판결은 피대습자의 직계존속이 사망할 당시 피대습자로부터 상속받은 재산 외에 적극재산이든 소극재산이든 고유재산을 소유하고 있었는지 여부에 따라 달리 볼 이유도 없다는 입장이다.

피상속인의 사망 후 상속채무가 상속재산을 초과하여 상속인인 배우자와 자녀들이 상속포기를 하였는데, 그 후 피상속인의 직계존속이 사망하여 민법 제1001조, 제1003조 제2항에 따라 대습상속이 개시된 경우에 대습상속인이 상속채무로부터 벗어나려면 민법이 정한 절차와 방식에 따라 다시 한정승인이나 상속포기를 하여야 한다.[23] 위와 같은 경우에 이미 사망한 피상속인의 배우자와 자

---

22) 대법원 2013.6.14. 선고 2013다15869 판결; 대법원 2005.7.22. 선고 2003다43681 판결; 대법원 2012.10.11. 선고 2012다59367 판결 등 참조.

23) 제1심과 원심판결의 사실관계에서 제1차 상속과 제2차 상속의 과정이 분명하게 나타나질 아니하여 두 상속관계에서 상속과정의 절차적 합법성, 한

녀들에게 피상속인의 직계존속의 사망으로 인한 대습상속도 포기하려는 의사가 있다고 볼 수 있지만, 그들이 상속포기의 절차와 방식에 따라 피상속인의 직계존속에 대한 상속포기를 하지 않으면 그 효력이 생기지 않는다. 이와 달리 피상속인에 대한 상속포기를 이유로 대습상속 포기의 효력까지 인정한다면 상속포기의 의사를 명확히 하고 법률관계를 획일적으로 처리함으로써 법적 안정성을 꾀하고자 하는 상속포기제도가 잠탈될 우려가 있기 때문이라는 것이 그 이유이다.[24]

③ 대습상속과 단순승인

피상속인의 사망 후 상속채무가 상속재산을 초과하여 상속인인 배우자와 자녀들이 상속포기를 하였고, 피상속인의 직계존속이 피상속인을 상속하는 경우가 있을 수 있다. 그러한 경우에 피상속인의 상속재산을 상속한 피상속인의 직계존속이 사망하여 민법 제1001조, 제1003조 제2항에 따라 대습상속이 개시된 경우에 대습상속이 이루어지는 때에 대습상속인이 민법상 절차와 방식에 따라 다시 한정승인이나 상속포기를 하지 않으면 단순승인을 한 것으로 간주된다. 즉 제1차 상속에서 행해진 상속포기의 효력이 제2차 상속(대습상속)에까지 미치는 것은 아니라는 것이 대상판결의 입장이다.

정승인 또는 상속포기를 할 수 있는 상황인지 여부, 상속인의 의사 등을 정확히 파악하기 어렵다. 그렇기 때문에 대상판결이 지나치게 법적 안정성만을 강조한 것이 아닌가 하는 아쉬움이 드는 것이다.

24) 대상판결의 사안에서도 대법원이 대법원 2013.6.14. 선고 2013다15869 판결에서와 같은 태도를 보였다면 결론이 달라졌을 가능성을 전혀 배제할 수는 없지 않을까? 2013다15869 판결은 대법원이 강행규정인 상속법 규정을 해석하는 데 있어서 어느 정도 현실을 감안하고 있음(즉 법적 안정성만을 강조하는 것이 아니라 사안에 따라서 구체적 타당성에 무게를 두기도 한다는 것)을 보여 주는 것이 아닌가?

대상판결의 사안의 경우 을의 사망에 따른 상속개시 후 3개월의 고려기간 내에 갑1~4는 제2차 상속(대습상속)에 대한 포기를 하지 아니하였다는 이유로 갑1~4가 단순승인을 한 것으로 보았다. 그런 데 갑1~4는 대상판결의 제1심 사건 소장 부본을 송달받고 그로부터 3월 이내에 법원에 한정승인신고를 하였으며, 그 신청은 수리되었다. 이에 대하여 제1차 상속에서만 상속포기를 하였을 뿐, 제2차 상속에서는 별도로 한정승인이나 상속의 포기를 하지 않은 갑1~4는 법정단순승인을 한 것으로 의제된다는 대상판결의 견해는 민법의 해석상 아무런 모순이 없지만(제1026조 제2호 참조), 갑1~4에게 민법 제1019조 제3항에 따른 특별한정승인[25]을 인정하여 구제할 수 있는 방법은 없는지 여부가 문제된다는 지적이 있다.[26] 그러나 이 사안의 경우는 제1019조 제1항의 적용이 우선되는 것이 갑1~4의 구제에 유리하다고 생각된다.[27] 그러나 대상판결의 경우

---

25) '제1항의 규정에 불구하고 상속인은 상속채무가 상속재산을 초과하는 사실을 중대한 과실없이 제1항의 기간내에 알지 못하고 단순승인(제1026조 제1호 및 제2호의 규정에 의하여 단순승인한 것으로 보는 경우를 포함한다)을 한 경우에는 그 사실을 안 날부터 3월내에 한정승인을 할 수 있다. 〈신설 2002.1.14.〉'

26) 이선형, 앞의 논문, 494면 참조.

27) 선순위 상속인으로서 피상속인의 처와 자녀들이 모두 적법하게 상속을 포기한 경우에는 피상속인의 손 등 그 다음의 상속순위에 있는 사람이 상속인이 되는 것이나, 이러한 법리는 상속의 순위에 관한 민법 제1000조 제1항 제1호(1순위 상속인으로 규정된 '피상속인의 직계비속'에는 피상속인의 자녀뿐 아니라 피상속인의 손자녀까지 포함된다.)와 상속포기의 효과에 관한 민법 제1042조 내지 제1044조의 규정들을 모두 종합적으로 해석함으로써 비로소 도출되는 것이지 이에 관한 명시적 규정이 존재하는 것은 아니어서 일반인의 입장에서 피상속인의 처와 자녀가 상속을 포기한 경우 피상속인의 손자녀가 이로써 자신들이 상속인이 되었다는 사실까지 안다는 것은 오히려 이례에 속한다고 할 것이고, 따라서 이와 같은 과정에 의해 피상속인의 손자녀가 상속인이 된 경우에는 상속인이 상속개시의 원인사실을 아는

'특별한 사정28)'이 있는지 여부를 알 수 있을 만큼 사실관계가 자세하게 나타나 있질 않아서 판단할 수가 없다.

3. 대상판결에 대한 평가

이 사건의 원심판결(창원지방법원)은 제1차 상속에서 상속포기를 한 갑1~4를 보호하고자 상속포기제도의 취지, 대습상속인의 의사, 고유재산의 유무와 상속의 공평성 및 일반인의 기대가능성 등을 이유로 제1차 상속에 대한 상속포기의 효력이 제2차 상속(대습상속)에까지 미친다는 과감한 해석론을 전개하여 피고들을 보호하고자 하였다. 그렇지만 대상판결(대법원)은 법적 안정성을 강조하여 기존 관련 대법원 판례의 입장에 충실한 해석을 하였다.

이 사안의 경우와 같이 제1차 상속과 제2차 상속의 재산상황에 변동이 없는 경우 법적 안정성만을 강조할 것이 아니라 본문에서 소개된 다른 대법원 판례가 취한 태도처럼 구체적 타당성에 더 무

것만으로 자신이 상속인이 된 사실을 알기 어려운 특별한 사정이 있다(대법원 2005.7.22. 선고 판결).

28) 상속개시 있음을 안 날이라 함은 상속개시의 원인이 되는 사실의 발생을 알고 이로써 자기가 상속인이 되었음을 안 날을 말한다고 할 것인데, 피상속인의 사망으로 인하여 상속이 개시되고 상속의 순위나 자격을 인식함에 별다른 어려움이 없는 통상적인 상속의 경우에는 상속인이 상속개시의 원인사실을 앎으로써 그가 상속인이 된 사실까지도 알았다고 보는 것이 합리적이나, 종국적으로 상속인이 누구인지를 가리는 과정에 사실상 또는 법률상의 어려운 문제가 있어 상속개시의 원인사실을 아는 것만으로는 바로 자신의 상속인이 된 사실까지 알기 어려운 특별한 사정이 존재하는 경우도 있으므로, 이러한 때에는 법원으로서는 '상속개시 있음을 안 날'을 확정함에 있어 상속개시의 원인사실뿐 아니라 더 나아가 그로써 자신의 상속인이 된 사실을 안 날이 언제인지까지도 심리, 규명하여야 마땅하다(대법원 2005.7. 22. 선고 2003다43681 판결).

게를 두고 관련규정을 해석하고 적용하였다면 다른 결론을 도출하는 것이 전혀 불가능하다고 보이지는 않는다.[29]

입법론적인 측면에서는 '대습상속'에 대한 재고가 필요하다고 본다. 대습상속과 상속이 반드시 같은 것은 아니라고 본다. 상속은 상속개시와 동시에 일신전속권을 제외한 모든 권리의무(적극재산과 소극재산)가 상속인에게 포괄승계되는 것이다(제1005조). 즉 상속인에게 유리하냐 불리하냐를 고려하지 않고 이루어지는 것이며, 그 이후에 한정승인이나 포기를 할 수 있도록 함으로써 상속인이 '불리한 상황'에서 벗어날 수 있는 길을 마련해 두고 있다. 그렇지만 대습상속은 그 입법취지가 상속과는 다른 것이 아닌가? 대습상속의 취지는 상속인의 유불리를 떠난 단순한(포괄적인) '승계'가 목적이 아니라 상속의 대원칙에 따를 경우 배제될 수밖에 없지만, 피상속인의 유족 중에서 상속에 의하여 재산을 승계할 수 있다는 '기대'를 가지고 있는 일부를 제1순위의 상속인으로 포섭함으로써 상속의 본질인 '유족의 생활유지'에 충실하게 상속의 '공평'을 실현하기 위한 것이 아닌가?[30] 그러나 우리 민법은 상속과 대습상속을 일괄하여 규정하고 있고, 그로 인하여 대상판결의 사안과 같은 문제점이 생길 수밖에 없게 되는 것이다.

이 사안처럼 대습상속인에게 오직 불리하기만 한 상속관계에 있

---

29) 이선형, 앞의 논문, 494-497면에서 특별한정승인요건의 완화된 해석과 입법론을 제시하고 있다. 여기에서 제시하는 해석론은 경청할 만하지만 입법론은 동의하기 어려운 부분이 있다. 필자는 프랑스처럼 상속포기를 대습상속의 원인으로 규정하는 것에 대해서 반대의 입장이지만, 이 글에서 자세하게 다루기는 어려우므로 다음 기회로 넘긴다.

30) 대습상속의 성질에 대해 본위상속설과 대습상속설이 대립하고 있으나 현행법상으로는 후자를 취할 수밖에 없다. 그 타당성 판단에 대한 예시에 대해서는 신영호 · 김상훈, 앞의 책, 319-320면 참조.

어서 법적 안정성과 구체적 타당성이라는 두 가치가 조화롭게 반영되어 원심의 '과감한' 해석론이 타당성을 가질 수 있도록 하는 명확한 입법적인 조치가 필요하다고 본다.

참고문헌

강승묵, "대습상속의 요건에 관한 소고", 법학논총 제27집 제3호, 한양대학교 법학연구소, 2010.9.

권영준, "2017년 민법 판례 동향", 서울대학교 법학 제59권 제1호(통권 제186호), 서울대학교 법학연구소, 2018.3.

김명숙, "2017년 가족법 중요 판례", 인권과 정의 통권 제472호, 대한변호사협회, 2018.3.

신영호, 공동상속론, 나남, 1987.12.

신영호, 조선전기상속법제—조선왕조실록의 기사를 중심으로(금산법학 제3호), 세창출판사, 2002.6.

신영호·김상훈, 가족법강의, 세창출판사, 2018.3.

안영하, "대습원인으로서의 상속포기에 관한 입법론적 고찰", 성균관법학 제17권 제1호, 성균관대학교 비교법연구소, 2005.6.

안영하, "일본의 대습상속제도의 비교법적 검토", 성균관법학 제17권 제2호, 성균관대학교 비교법연구소, 2005.12.

이선형, "상속포기의 효과는 대습상속에도 미치는가?", 동북아연구 제11권 제2호, 전북대학교 동북아법연구소, 2017.9.

실종선고로 인한 상속에 관한 경과규정인 민법 부칙(1990.1.13. 법률 제4199호) 제12조 제2항의 의미

─대법원 2017.12.22. 선고 2017다360, 2017다377 판결─

최준규*

Ⅰ. 사실관계

봉○록은 1921.4.8. 홍○저와 혼인신고를 하고 그와의 사이에 자녀로 봉○숙, 봉△순(이하 이 사건 '독립당사자참가인')을 두었으며, 이와 별도로 이○금과 혼인신고를 하지 아니하고 그와의 사이에 자녀로 봉○택과 봉□순(이하 이 사건 '원고')을 두었다. 봉○록은 1945.3.22. 이○금은 2000.1.24. 홍○저는 1973.1.29. 각 사망하였다.

봉○록은 논산시 등 일대에 많은 부동산을 소유하면서 마을 주민들에게 소작을 주던 지주였는데, 봉○록의 사망으로 봉○택이 이 부동산을 단독상속하였다. 봉○택은 1950.6.1. 고려대학교에 입학한 뒤 6·25전쟁이 발발하자 고향으로 내려왔다가 1950. 9.경

---

* 서울대학교 법학전문대학원 교수.

행방불명되었다. 원고는 봉ㅇ택이 1950.9.10.경부터 행방불명되었다는 이유로 실종선고를 신청하여, 2008.7.31. 법원으로부터 '봉ㅇ택이 실종되어 1955.9.9.경 실종기간이 만료되었<u>으므로 실종을 선고한다</u>.'는 심판을 고지 받았고, 위 심판은 2008.9.12. 확정되었다(강조는 필자. 이하 같음). 봉ㅇ택은 위 실종기간 만료 당시 미혼이었다.

이 사건 토지들은 모두 봉ㅇ택이 상속받은 재산인데 봉ㅇ택이 실종된 이후 봉ㅇ택과의 매매 등을 원인으로 소유권이전등기가 경료되고 이후 전전양도되었다. 원고는 이러한 소유권이전등기는 모두 원인무효이고, **봉ㅇ택의 재산은 봉ㅇ택의 생모인 이ㅇ금에게 단독상속되었고**, 모친 이ㅇ금의 사망으로 자신이 다시 단독상속인이 되었음을 이유로 소유권에 기해 위 각 소유권이전등기의 말소등기를 청구하였다.

독립당사자참가인은, 민법시행(1960.1.1.) 전의 구 관습에 의하면 호주가 직계비속남자 없이 사망하면 그 망 호주의 모, 처, 가(家)를 같이하는 직계비속여자의 순으로 그 호주 및 재산을 상속하고, 이 경우 '모'에 관하여 적모(嫡母)와 생모가 있는 경우 적모가 상속권을 갖고 생모에게는 상속권이 없는데, 봉ㅇ택은 1955.9.9.경 실종기간 만료로 사망한 것으로 간주되므로, ① **구 관습에 따라 봉ㅇ택의 적모인 홍ㅇ저가 단독으로 봉ㅇ택을 상속하거나, 또는** ② **이 사건의 경우 개정민법 부칙(1990.1.13. 법률 제4199호) 제12조 제2항이 적용되지 않고 제정민법 부칙 제25조 제2항¹⁾이 적용되어**

---

1) 제정민법 부칙 〈제471호, 1958.2.22.〉
제25조(상속에 관한 경과규정) ① 본법 시행일 전에 개시된 상속에 관하여는 본법 시행일 후에도 구법의 규정을 적용한다.
② 실종선고로 인하여 호주 또는 재산상속이 개시되는 경우에 그 실종기간

봉○택의 적모인 홍○저는 4/5, 생모인 이○금은 1/5의 상속지분을 갖게 되며,[2] 홍○저가 1973.1.29. 사망하였으므로 자신과 홍○저의 다른 자녀 등이 모친의 재산을 상속하였다고 주장하면서, 원고가 제기한 소송에 독립당사자참가를 하였다.

II. 원심판결[3]

이 사건의 쟁점은 크게 나누어, ① 봉○택의 재산이 누구에게 상속되는지(이 사건 토지의 상속인 및 소유자 확정), ② 피고들의 소유권이전등기가 원인무효인지 여부이다. 이 중 ① 쟁점이 본 평석에서 살펴볼 내용이므로, ①에 관한 원심의 판단내용을 상세히 소개하고, ②부분은 간략히 소개한다.

1. 이 사건 토지의 상속인 및 소유자 확정

원심은 다음과 같은 이유를 들어 독립당사자참가인의 주장을 받아들이지 않고, 봉○택의 재산은 그의 생모에게 단독상속되었다고 보았다.

이 구법 시행기간 중에 만료하는 때에도 그 실종이 본법 시행일 후에 선고된 때에는 그 상속순위, 상속분 기타 상속에 관하여는 본법의 규정을 적용한다.

2) 제정민법에 따르면 적모서자(嫡母庶子) 관계가 인정되고, 제정민법 제1009조 제2항에 따라 '동일가적 내에 있지 않는 직계존속 여자'의 경우에는 상속분에 차별이 있었으므로, 봉○택의 적모인 홍○저는 4/5, 생모인 이○금은 1/5의 상속지분을 갖게 된다.

3) 대전지법 2016.11.4. 선고 2014나1353, 4543 판결.

(a) 민법(1990.1.13. 법률 제4199호로 개정된 것, 이하 '이 사건 개정민법'이라 한다) 부칙 제1조는 이 사건 개정민법은 1991.1.1.부터 시행한다고 규정하고 있고, 부칙 제12조 제2항은 "실종선고로 인하여 상속이 개시되는 경우에 그 실종기간이 구법 시행기간 중에 만료되는 때에도 그 실종이 이 법 시행일 후에 선고된 때에는 상속에 관하여는 이 법의 규정을 적용한다."고 규정하고 있다.

(b) 이 사건 개정민법에 따르면 종전의 적모서자(嫡母庶子) 관계는 더 이상 인정되지 않고 구 관습상의 적모(嫡母)와 생모가 있는 경우 생모만이 상속권을 갖고 적모에게는 상속권이 인정될 수 없다. 봉ㅇ택에 대하여 이 사건 개정민법이 시행된 후 실종이 선고되었으므로, 이 사건 개정민법 부칙 제12조 제2항에 따라 그 상속에 관하여는 이 사건 개정민법이 적용되어 봉ㅇ택의 생모인 이ㅇ금만이 단독상속인이 되고, 구 관습상 봉ㅇ택의 적모인 홍ㅇ저에게는 상속권이 인정되지 않는다.

(c) 독립당사자참가인은, **이 사건 개정민법 부칙 제12조 제2항의 '구법' 시행기간 중에 만료된 때라 함은 '이 사건 개정민법 시행 전의 민법' 시행기간 중에 만료된 때를 의미**하고, 이 사건에서 봉ㅇ택에 대한 실종기간이 만료된 때는 법률 제471호로 제정된 민법(이하 '제정민법'이라 한다, 1960.1.1.부터 시행됨)이 시행되기 전인 1955.9.9.경이었으므로, 이 사건 개정민법 부칙 제12조 제2항이 적용될 수 없고 제정민법 제25조 제2항에 따라 봉ㅇ택의 상속에 관하여는 제정민법이 적용된다고 주장하나, 제정민법 부칙 제25조 제2항과 이 사건 개정민법 부칙 제12조 제2항은 실종선고로 상속이 개시되는 경우에 그 상속에 관하여 '실종기간 만료 당시'의 법률

이 아니라 '실종선고 당시'의 법률을 적용한다는 취지라고 해석될 뿐이고, 제정민법 시행 전에 실종기간이 만료되는 경우에는 제정 민법만이 적용된다고 해석할 수 없다.

2. 피고들의 각 소유권이전등기의 원인무효 여부

원심은, 봉○택이 1950.9.경 행방불명된 이후 봉○택과의 매매를 원인으로 이루어진 소유권이전등기의 경우 등기추정력이 복멸되었다고 보아, 해당 등기 및 그에 기초하여 이루어진 소유권이전등기는 원인무효라고 보았다. 또한 구 부동산 소유권이전등기 등에 관한 특별조치법 등에 따라 마쳐진 소유권이전등기의 경우에도 상당부분은, 그 등기의 원인인 보증서나 확인서상의 권리변동원인에 관한 실체적 기재내용이 진실에 부합되지 않거나 진실이 아님을 의심할 만큼 증명되었다고 보아, 원인무효라고 보았다. 다만, 최종 소유명의자의 등기부취득시효 항변이 인정되어, 결과적으로 원고의 청구가 기각된 토지들도 다수 존재한다(일부 토지는 점유취득시효가 인정되었다).

Ⅲ. 대법원 판결

원심판결에 대하여 원고, 피고, 독립당사자참가인이 상고하였는데, 대법원은 이 상고를 모두 기각하였고, 이에 따라 원심판결은 그대로 확정되었다. 본 평석의 쟁점인 이 사건 토지의 상속인 확정 문제에 관하여 대법원은 다음과 같이 판시하고 있다(아래 각 목차는 필자가 임의로 붙인 것이다).

1. 적모서자 관계의 변천

(a) 1960.1.1. 민법(1958.2.22. 법률 제471호로 제정된 것, 이하 '제정 민법'이라 한다) 시행 전에 친족 · 상속에 관해서는 우리나라의 관습 (이하 '구 관습'이라 한다)에 따르도록 되어 있었다. 구 관습에서는 남편이 인지한 혼인 외의 출생자는 서자가 되고, 서자는 아버지의 배우자와 적모서자관계에 있었고, 이 관계도 관습상 유효한 친자 관계로 인정되었다.

(b) 제정 민법 시행 이후에도 혼인 외의 자는 아버지의 배우자와 법정 친자관계에 있었으나(제774조), 1990.1.13. 법률 제4199호로 개정된 민법(이하 '개정 민법'이라 한다)에 따라 민법 제774조가 삭제 되어 이러한 법정 친자관계는 그 시행일인 1991.1.1. 소멸하였다 (개정 민법 부칙 제4조).

2. 개정민법 부칙 제12조의 의미

개정 민법 부칙 제12조는 상속에 관한 경과규정으로 제1항에서 "이 법 시행일 전에 개시된 상속에 관하여는 이 법 시행일 후에도 구법의 규정을 적용한다."고 정하고, 제2항에서 "실종선고로 인하 여 상속이 개시되는 경우에 그 실종기간이 구법 시행기간 중에 만 료되는 때에도 그 실종이 이 법 시행일 후에 선고된 때에는 상속에 관하여는 이 법의 규정을 적용한다."고 정하고 있다. 이는 개정 민 법 시행 전에 개시된 상속에 관해서는 개정 민법의 시행에도 불구 하고 상속 개시 시점을 기준으로 제정 민법 시행 전에는 구 관습을 적용하고 제정 민법 시행 후에는 제정 민법을 적용하되, **개정 민법**

시행 후 실종선고가 있는 경우에는 실종기간의 만료 시점이 언제인지와 관계없이 실종선고로 인한 상속에 관해서는 개정 민법을 적용하기로 한 것으로 보아야 한다. 그 이유는 다음과 같다.

가. 개정민법 부칙 제12조의 '구법'이 뜻하는 바

(a) 법률의 부칙에 있는 경과규정은 법률의 제정 또는 개정으로 인한 신법과 구법의 적용관계를 규율하기 위한 것이다. 일반적으로 법률의 부칙 규정에서 정하는 '구법'은 '신법' 또는 '개정법'에 대응하는 개념으로서 제·개정 전의 법률을 가리킨다.

(b) 제정 민법 부칙 제1조는 '구법'을 "본법(제정 민법을 가리킨다)에 의하여 폐지되는 법령 또는 법령 중의 조항을 말한다."고 정하고 있다. 여기에서 말하는 구법은 의용민법 또는 그 조항뿐만 아니라 친족·상속에 관한 구 관습을 포함하는 것으로 보아야 한다. 제정 민법이 시행되기 전에 친족·상속에 관해서는 구 관습을 따르고 있었기 때문에, 이와 달리 해석하면 법률의 중대한 공백이 생긴다.

(c) 개정 민법 부칙 제2조는 '구법'을 "민법 중 개정 민법에 의하여 개정 또는 폐지되는 종전의 조항"이라고 정하고 있다. 이 규정은 구법을 정의하면서 위 (b)에서 본 제정 민법 부칙 제1조와 같은 표현을 사용하고 있다. 따라서 제정 민법에서 말하는 구법과 동일하게 구 관습도 포함하는 의미로 보아야 한다.

나. 개정민법 부칙 제12조 제2항의 취지

(a) 개정 민법 부칙 제12조 제2항에서 "실종선고로 인하여 상속

이 개시되는 경우에 그 실종기간이 구법 시행기간 중에 만료되는
때에도 그 실종이 이 법 시행일 후에 선고된 때에는 상속에 관하여
는 이 법의 규정을 적용한다."라고 정하고 있다. 이 규정은 일반적
인 상속에 관해서 상속 개시 시점을 기준으로 하여 그때 시행되는
법령을 적용하는 것에 대한 특칙으로서 예외를 인정한 것이다.

　(b) 민법 제정 후 실종선고로 인한 상속에 관한 경과규정은 2차
례에 걸쳐 변경되었다. 제정 민법 부칙 제25조 제2항은 "실종선고
로 인하여 호주 또는 재산상속이 개시되는 경우에 그 실종기간이
구법 시행기간 중에 만료하는 때에도 그 실종이 본법 시행일 후에
선고된 때에는 그 상속순위, 상속분 기타 상속에 관하여는 본법의
규정을 적용한다."고 정하여 이른바 **'실종선고 시 기준설'**을 채택
하였다. 그러나 1977. 12. 31. 법률 제3051호로 개정된 민법(1979. 1.
1. 시행) 부칙 제6항은 "실종선고로 인하여 상속이 개시되는 경우
에 그 실종기간이 이 법 시행일 후에 만료된 때에는 그 상속에 관
하여 이 법의 규정을 적용한다."고 정하여 민법 시행 후 실종 기간
이 만료되는 일부 기간에 대하여 이른바 **'실종기간 만료 시 기준설'**
을 채택하는 것으로 일부 내용을 변경하였다. 그 후 1990. 1. 13. 법
률 제4199호로 개정된 민법(1991. 1. 1. 시행)은 부칙 제12조 제2항에
서 **다시 '실종선고 시 기준설'**로 환원하였다. 여기에서 '실종선고
시 기준설'은 실종선고로 인한 상속에 관하여 실종선고 시에 시행
되는 법령을 적용한다는 것으로서 실종기간이 언제 만료하였는지
는 아무런 관계가 없다.

　(c) 실종기간이 제정 민법 시행 전에 만료된 경우에도 실종선고
로 인한 상속에 관해서는 개정 민법이 적용된다고 보아야 한다. 부

재자의 생사불명 상태가 일정기간 계속하고 살아 있을 가능성이 적게 된 때에, 그 사람을 사망한 것으로 간주하여 그를 중심으로 하는 법률관계를 확정 · 종결케 하는 것이 실종선고제도이다. **실종선고를 통해서 실종기간이 제정 민법 시행 전에 만료되어 그때 사망한 것으로 간주된다고 하더라도 이는 간주일 뿐이어서 어느 시점의 법령을 기준으로 상속관계를 규율할 것인지를 정하는 것은 별개의 문제이다.**

(d) 실종선고로 인한 사망은 실종기간의 기산점에 따라 사망 간주시기가 민법 시행 전 · 후로 달라질 수 있다. **오래전에 실종되었을수록 실종 여부나 실종기간의 기산점을 판단할 수 있는 근거자료가 불충분하여 불확실성이 더욱 커질 수 있다.** 개정 민법의 입법자는 이러한 불확실성을 제거하고자 어느 시점에 실종기간이 만료되는지 여부와 관계없이 실종선고 당시에 시행되는 개정 민법에 따라 상속관계를 정하도록 하는 것이 합리적이라고 보아 입법적 결단을 한 것으로 볼 수 있다. 특히 **기존 남성 중심의 상속 제도를 남녀 간 공평한 상속이 가능하도록 상속에 관한 규정을 개정하면서 개정 민법 시행 후 실종선고된 부재자에 대한 상속관계에도 이들 규정을 적용하도록 한 것**으로 이해할 수 있다.

IV. 해 설

1. 대상판결의 논점

원고는 봉ㅇ택에 관하여 법원에 실종선고를 청구하였고, 이에 따라 2008.7.31. "봉○택이 실종되어 1955.9.9.경 실종기간이 만료되었으므로 실종을 선고한다."는 법원의 심판이 원고에게 고지되었으며, 위 심판은 2008.9.12. 확정되었다. 따라서 봉○택은 1955.9.9. 사망한 것으로 간주된다(민법 제28조).[4] 그렇다면 봉○택의 재산에 관해서는 1955.9.9.을 기준으로 상속이 이루어져야 한다.

이 경우 1955.9.9. 이루어지는 상속의 법률관계이므로 1955.9.9. 유효한 민법 규정이 적용되어야 하는가? 독립당사자참가인은 이러한 주장도 하고 있다. 만약 봉○택이 실제로 1955.9.9. 사망하였다면, 독립당사자참가인의 주장처럼 그 시점의 법률(상속에 관한 구 관습)이 규정한 상속인들이 봉○택의 재산을 포괄승계했을 것이다. 그러나 실종선고로 부재자의 사망을 간주하는 것은 어디까지나 '**법적 의제**'이므로, 1955.9.9. 당시 유효한 법률을 기준으로 상속인의 범위를 확정할 논리필연적 이유는 없다. 실제로 민법은 부칙을 통해 어느 시점의 법률을 적용하여 상속인을 확정할 것인지에 대하여 별도로 정하고 있다.[5]

제정민법 부칙 제25조 제2항은 이 문제에 관하여, "실종선고로 인하여 호주 또는 재산상속이 개시되는 경우에 그 실종기간이 구법 시행기간 중에 만료하는 때에도 그 실종이 본법 시행일 후에 선고된 때에는 그 상속순위, 상속분 기타 상속에 관하여는 본법의 규정을 적용한다."고 규정하여, 실종선고 당시 민법을 기준으로 상속

---

4) 일본민법의 경우 우리와 마찬가지로 실종선고로 인해 실종자의 사망이 '간주'된다(일본민법 제31조). 그러나 프랑스, 독일, 스위스의 경우 사망선고 또는 실종선고로 인해 실종자의 사망이 '법률상 추정'될 뿐이다. 법률상 추정의 경우에도 그 추정 사망시기를 기준으로 상속이 이루어지는 경우가 많을 것이다. 우선 石田穰, 民法總則, 132-133면 참조.

5) 만약 민법이 부칙을 통해 별도의 규정을 두고 있지 않았다면, 사망 간주시기의 법률에 따라 상속의 법률관계를 규율하는 것이 합리적일 것이다.

인의 범위를 확정하도록 정하였다. 그런데 1977.12.31. 법률 제
3051호로 개정된 민법(1979.1.1. 시행) 부칙 제6항은 "실종선고로
인하여 상속이 개시되는 경우에 그 실종기간이 이 법 시행일 후에
만료된 때에는 그 상속에 관하여 이 법의 규정을 적용한다."고 규
정하여 개정민법 시행 후 실종 기간이 만료되는 일부 기간에 대하
여 실종기간 만료 당시 민법을 기준으로 상속인의 범위를 확정하도
록 하였다. 그 후 1990.1.13. 법률 제4199호로 개정된 민법(1991.1.
1. 시행)은 부칙 제12조 제2항에서 "실종선고로 인하여 상속이 개
시되는 경우에 그 실종기간이 구법 시행기간 중에 만료되는 때에
도 그 실종이 이 법 시행일 후에 선고된 때에는 상속에 관하여는
이 법의 규정을 적용한다."고 규정하여 다시 실종선고 당시 민법을
기준으로 상속인의 범위를 정하도록 하였다.

독립당사자참가인은 위 개정민법 부칙 제12조 제2항에서 "실종
기간이 구법 시행기간 중에 만료되는 때"라는 의미는 실종기간이
**'이 사건 개정민법 시행 전의 민법' 시행기간 중에 만료된 때만을
의미**하고 이 사건처럼 상속에 관한 구 관습이 적용되는 시점에 실
종기간이 만료된 때까지 의미하는 것은 아니고, 따라서 이 사건의
경우 제정민법 부칙 제25조 제2항이 적용되므로[6] 제정민법에 따
라 상속인의 범위를 확정해야 한다고 주장하고 있다.

결국 대상판결의 핵심논점은 **개정민법 부칙 제12조 제2항의 "구**

---

6) 제정민법 부칙 제25조 제2항도 여전히 유효한 법률이다. 일부 개정법률의
  부칙은 기존 법령의 부칙에 흡수되는 방식을 취하지 않고 계속 증보되는
  형식을 취하고 있다는 지적으로는 최봉경, "부칙 연구—그 체계적 시론",
  서울대 법학 53-2(2012), 259면. 참고로 법률의 개정 시에 종전 법률 부칙
  의 경과규정을 개정하거나 삭제하는 명시적인 조치가 없다면, 개정 법률에
  다시 경과규정을 두지 않았다고 하여도 부칙의 경과규정이 당연히 실효되
  는 것은 아니다. 대법원 2008.11.27. 선고 2006두19419 판결 참조.

법"의 의미를 어떻게 해석할 것인지 여부이다.

2. 이론적 검토

대상판결의 핵심논점에 대한 답은 어렵지 않게 도출할 수 있다. 대상판결이 적절히 지적한 바와 같이 '구법'의 의미를 독립당사자참가인의 주장처럼 협소하게 해석하는 것은 불합리한 결과를 가져오기 때문이다. 독립당사자참가인의 주장과 같이 "구법"의 의미를 해석하면, 상속에 관한 구 관습이 적용되던 시기에 실종기간이 만료한 경우에는 제정민법에 따라 상속인 범위가 확정되고, 개정민법 시행 전의 민법 시행기간 중에 실종기간이 만료된 때에는 개정민법에 따라 상속인 범위가 확정되는데, 두 경우를 달리 취급할 합리적 이유가 없다.

1990.1.13. 법률 제4199호로 개정된 민법(1991.1.1. 시행)은 종래 법정친자관계로 인정되어 오던 적모서자관계를 인척관계로 변경하고, 호주상속을 호주승계로 바꾸고, 상속인의 범위를 4촌 이내의 방계혈족까지로 축소시키고, 직계비속(출가한 딸과 아들)들의 상속분을 균등하게 하고, 배우자 일방이 사망한 경우 종래 처의 상속순위만 규정하던 것을 남편도 그 직계비속 또는 직계존속과 공동하여 상속하는 것으로 하고, 배우자 중 남편의 상속분도 직계비속 또는 직계존속의 상속분에 50% 가산하도록 하는 등, 친족·상속관계에 대대적 변화를 단행하였다. 그에 따라 법정상속순위나 상속분에 관련한 남녀차별은 개선되었다. 개정민법 부칙 제12조 제2항이 실종선고가 개정민법 시행 후 이루어진 때에는 개정민법에 따라 상속인의 범위를 정하도록 한 것은, 과거의 법률관계라 하더라도 이처럼 개선된 입법에 따라 상속순위 및 상속분을 정하는 것

이 바람직하다는 입법자의 결단이 담겨 있는 것으로 보아야 한다. 따라서 실종기간이 실종선고보다 훨씬 전인 1955.9.9. 만료되었다 하더라도, 실종선고가 개정민법 시행 후 이루어졌다면 개정민법을 적용해야 한다.

위와 같이 본다고 하여 이해당사자들의 신뢰를 침해한다고 단정하기도 어렵다. 이해당사자들이 실종자가 1955.9.9.경 사망하였고, 그에 따라 상속이 이루어져 실종자의 재산이 정리되었다고 생각하고 그에 따라 이해관계를 형성할 가능성은 높지 않기 때문이다. 오히려 실종자가 한국전쟁 과정에서 사망한 것은 거의 확실하지만 언제 사망한 것인지는 정확히 알 수 없기 때문에, 실종자 재산의 귀속 문제에 관해서는 불명확하고 유동적인 상태가 지속되고 있다고 생각하는 것이 통상일 것이다. 실종기간이 지난 직후에는 오히려 실종자가 아직 살아 있다고 생각하고 법률관계를 형성한 자의 신뢰보호 문제가 제기될 여지도 있다.

3. 관련판례

대상판결이 선고되기 전에 개정민법 부칙 제12조 제2항에 대하여 헌법재판소 결정이 내려진 바 있다(헌법재판소 2016.10.27. 선고 2015헌바203, 361 결정). 이 헌법재판소 결정이 선고된 경위는 다음과 같다. 대상판결의 원고는 대상판결에서 문제된 토지 이외에 다른 토지에 관해서도, 자신이 상속인임을 근거로 소유권이전등기 말소등기 청구의 소를 제기하였는데, 최종 등기명의인의 등기부취득시효항변이 인정되어, 최종 등기명의인에 대하여 종국적으로 패소확정 판결을 받았다. 이에 원고는 봉ㅇ택으로부터 직접 소유권이전등기를 경료받은 자 또는 그의 상속인을 상대로 토지의 소유권상실을 원인으로 한 손해배상청구의 소를 제기하였고, 이 사건 독립당사자참가인은 위 손해배상청구의 소에 이 사건과 마찬가지 이유에서 독립당사자참가를 하였다. 독립당사자참가인은 또한 개정민법 부칙 제12조 제2항에 대하여 위헌법률심판제청신청을 하였는데, 법원이 위헌법률심판제청신청을 기각하자 헌법소원심판을 청구한 것이다.

청구인은 민법 부칙 제12조 제2항이 다음과 같은 이유에서 위헌이라고 주장하였다.

"심판대상조항은 법원의 실종선고시점에 따라 상속인이 결정되도록 함으로써 **실종기간 만료 시를 기준으로 할 때 청구인이 가질 수 있었던 상속권을 침해**하고, 구 관습법 시행기간에 실종기간이 만료된 경우라 하더라도, **실종선고가 구 관습법이나 구 민법**(1958. 2.22. 법률 제471호로 제정된 것, 이하 '제정민법'이라 한다) **시행기간 중에 내려진 경우와 민법**(1990.1.13. 법률 제4199호로 개정된 것, 이하 '개정민법'이라 한다) **시행기간 중에 내려진 경우 사이에 상속에 관한 법률관계에 중대한 차별이 발생**하므로 평등원칙에 반한다. 또한 심판대상조항은 **법원이 실종선고를 하기 전에는 법관의 보충적 해석에 의해서도 누가 상속인이 될지 알 수 없도록 정하고 있으므로 명확성원칙에 반하고, 실종선고로 인한 사망간주시점을 실종기간 만료 시로 보아 그때부터 상속이 개시된다고 규정한 민법 제27조, 제28조의 규정과 모순**되는 등 법의 일관성이 없고 체계정당성 원리에 위배된다."

헌법재판소는 다음과 같은 이유를 들어 민법 부칙 제12조 제2항이 헌법에 위반되지 않는다고 판단하였다.

(1) 소급입법에 의한 재산권 박탈 여부

부재자의 경우 원칙적으로는 실종선고가 확정되면 실종기간이 만료된 때 사망한 것으로 간주되어 그때부터 상속이 개시되는바(민법 제28조, 제997조), 민법 부칙 제12조 제2항은 개정민법 시행 후에 비로소 실종이 선고되는 경우에 적용되는 것으로서 과거에 이미 확정된 법률관계에 소급하여 적용하는 것이라 할 수 없으므로, 헌법 제13조 제2항이 금하는 소급입법에 해당하지 아니한다.

(2) 신뢰보호원칙 위배로 인한 재산권 침해 여부

피상속인의 사망 시에 결과적으로 상속인이 될 것인지, 구체적으로 어느 정도의 상속분을 인정받을 것인지는 사망 당시 존재하는 상속인들 사이의 상속 순위 및 유증이나 기여분 등의 존부 등이 종합적으로 영향을 미치는 것이므로, 피상속인의 사망 이전에 상속인이 될 수 있는 지위에 있는 사람이 가지는 상속에 대한 기대가 구체적인 것이라고 보기는 어렵다(헌재 2011.2.24. 2009헌바89 등 참조). 또한 상속제도나 상속권의 내용은 입법정책적으로 결정하여야 할 사항으로서 원칙적으로 입법형성의 영역에 속한다. 그런데 부재자의 참여 없이 진행되는 실종선고 심판절차에서 법원으로서는 실종 여부나 실종이 된 시기 등에 대하여 청구인의 주장과 청구인이 제출한 소명자료를 기초로 실종 여부나 실종기간의 기산일을 판단하게 되는 측면이 있는바, 이로 인하여 발생할 수 있는 **상속인의 범위나 상속분 등의 변경에 따른 법률관계의 불안정을 제거하여 법적 안정성을 추구**하고, **실질적으로 남녀 간 공평한 상속이 가능하도록 개정된 민법상의 상속규정을 개정민법 시행 후 실종이 선고되는 부재자에게까지 확대 적용함으로써 얻는 공익이 매우 크다.** 반면, 상속의 경우에도 입양을 통하여 친생자관계와 같은 효과를 얻을 수 있고, 증여나 유증 등에 의하여 상속에 준하는 효과를 얻을 수 있다는 점 등을 고려하면, 청구인의 상속에 대한 신뢰의 침해 정도가 중하다거나 침해되는 신뢰가 심판대상조항이 추구하고자 하는 공익보다 크다고 보기 어렵다.

따라서 심판대상조항은 재산권 보장에 관한 신뢰보호원칙에 위배된다고 볼 수 없다.

(3) 평등원칙 위배 여부

상속제도나 상속권의 내용은 입법자가 입법정책적으로 결정하여야 할 사항으로서 원칙적으로 입법형성의 자유에 속하므로 입법자가 상속제도와 상속권의 내용을 정함에 있어서 입법형성권을 자의적으로 행사하여 입법한계를 일탈하지 않는 한 헌법에 위배된다고 볼 수 없고, 실종선고제도는 부재자의 장기간 생사불명으로 인한 불합리를 방지하기 위한 정책적 목적으로 채택된 제도로서 입법자로서는 제도의 취지와 목적을 고려하여 요건 및 효과 등을 규정할 수 있다.

개정민법 시행 전에 이미 실종선고가 있었거나 피상속인의 사망으로 상속이 개시된 상속인은 구 관습법이나 제정민법에 의하여 이미 상속이 이루어져 법률관계가 확정되었다는 점에서 개정민법 시행 이후에 실종선고가 이루어지는 경우의 상속인과 법적 지위가 동일하다고 볼 수 없고, **개정민법은 호주제도 및 남성 중심의 상속제도를 가족 및 남녀의 평등에 부합하도록 하였다는 점에서 제정민법에 비하여 개선된 입법이며, 부재자의 참여 없이 이루어지는 실종선고의 특성상 이해관계인의 실종시기에 관한 일방적인 주장에 의하여 상속에 관한 법률 적용의 선택이 이루어질 수 있는 불합리를 방지할 필요가 있다**는 점 등을 고려하면, 심판대상조항이 상속에 관하여 실종기간 만료 시가 아닌 실종선고 시를 기준으로 개정민법을 적용하도록 하였다고 하더라도 이에는 합리적 이유가 있다. 따라서 심판대상조항은 평등원칙에 위배되지 아니한다.

4. 대상판결의 의의

실종선고가 이루어지면, 실종기간 만료 시점에 실종자의 사망은 간주되고, 그에 따라 상속 등의 법률관계가 전개된다. 이 경우 적용될 법률은 어느 시점에서 시행되고 있던 법률로 보아야 하는지에 관해서 그간 논의가 많지 않았다. 대상판결은 이 쟁점을 정면에서 다루고 있는 민법 부칙(1990.1.13. 법률 제4199호) 제12조 제2항의 의미를 분명히 하였다는 점에서 그 의의가 있다.

상속세 부과 재산 가액 산정과 시가주의 원칙
―대법원 2017.7.18. 선고 2014두7565 판결―

서종희*

Ⅰ. 사실관계

A토지 등(이하 총칭하는 경우에는 '이 사건 각 토지'라 한다)의 소유자였던 甲이 이 사건 각 토지 등을 2008.4.26. 乙 등에게 32억 원에 매도하기로 하는 계약을 체결하였으나,[1] 乙 등의 채무불이행을 이유로 계약이 해제되었다.[2] 2008.6.21. 甲이 사망하자 甲의 상속인들은 A토지 등 이 사건 각 토지를 위 계약상의 매매대금인 32억 원으로 평가하여 상속세 신고를 하였다. 그런데 세무당국인 용인세무서장은 상속인들이 주장하는 매매계약은 해제되었고, 매매대금

---

* 건국대학교 법학전문대학원 교수.
1) 한편 이 사건 각 토지의 일부에는 근저당권 설정등기, 소유권이전등기청구권 보전을 위한 가등기 및 강제경매개시결정 등기 등이 마쳐져 있었다.
2) 참고로 甲은 2005.8.9. 丙에게 이 사건 각 토지를 47억 원에 매도하기로 하는 계약을 체결한 바 있다.

역시 A 토지 등의 적정한 시가를 반영한 것으로 볼 수 없다는 이유로 2010.12.7. 구 상속세 및 증여세법(2007.12.31. 법률 제8828호로 개정되기 전의 것. 이하 '상증세법'이라고 한다) 상의 보충적 평가방법에 따라 개별공시지가(㎡당 26,493원)를 시가로 계산하여 이 사건 각 토지의 시가를 256억 원으로 평가한 다음 망인 甲의 상속인들에게 상속세를 경정·고지하였다(이하 '이 사건 처분'이라고 한다). 甲의 상속인들은 이 사건 처분에 불복하여 2011.3.3. 이의신청을 제기하였으나 2011.3.29. 기각결정을 받았고, 2011.6.27. 조세심판원에 심판청구를 하였으나 2011.10.31. 기각결정을 받았다.

이에 甲의 상속인들은 원고가 되어 용인세무서장을 피고로 하여 "상속개시 전 매매계약 가액이 있음에도 불구하고 그것이 아니라 상속개시 당시의 개별공시지가 또는 수용보상금을 기준으로 상속세 과세표준을 삼는 것이 위법하다"는 이유로 상속세부과처분의 취소를 구하였다.

Ⅱ. 제1심 및 원심판결

1. 제1심판결

제1심[3]은 "피고가 상증세법상의 보충적 평가방법에 따라 이 사건 각 토지의 시가를 산정한 후 상속세를 부과한 이 사건 처분은 적법하다."고 보아 원고들의 청구를 모두 기각하였다. 그 이유는 다음과 같다.

---

3) 수원지방법원 2013.5.1. 선고 2012구합1052 판결.

첫째, 2008.4.26.에 체결된 매매계약은 이 사건 각 토지에 설정된 근저당권의 피담보채무만을 매도인 측이 해결하는 것으로 하고, 나머지 가등기 및 압류에 대하여는 매수인 측이 해결하기로 하면서 매매금액을 32억 원으로 정한 것인바, 그 매매금액이 이 사건 각 토지 자체의 객관적 가치를 적정하게 반영한 것으로 보기 어렵다. 둘째, 피고는 이 사건 각 토지에 대하여 공시지가인 ㎡당 26,493원으로 계산하여 256억 원을 甲의 사망 당시 이 사건 각 토지의 시가로 정하였는데, 2008.6.13. 공용수용된 A토지의 인접한 甲 소유의 B 임야 등은 A토지의 개별공시지가 평균액(㎡당 26,493)보다 높은 ㎡당 37,050원으로 보상금액이 산정되었다. 셋째, 甲과 그 상속인들인 원고는 이 사건 각 토지를 여러 번에 걸쳐 매도하려 했는바, 그 매매금액이 32억 원부터 65억 원까지 매우 다양했던 점을 종합하여 보면, 이 사건 각 토지의 시가를 32억 원으로 인정할 수는 없고, 달리 그 시가를 인정할 만한 자료도 없어 보충적 평가 방법에 따라 그 가액을 산정할 수밖에 없다.

2. 원심판결

제1심에서 패소한 원고들은 "이 사건 각 토지는 상속개시일 직전에 乙과 체결된 2008.4.26.자 매매가액인 32억 원을 시가로 인정하여야 한다. 그렇지 않더라도 2008.4.26.자 매매계약에서 가등기와 압류에 대하여는 매수인이 책임지고 해결하기로 약정하였으므로, 위 거래가액 32억 원에 가등기와 압류 관련 채무액으로 확인되는 1,834,793,170원을 더한 5,034,793,170원을 시가로 인정하여야 한다. 또한 丙과 체결된 2005.8.9.자 매매가액인 47억 원을 상증세법 제60조 제1항의 시가로 인정하여야 한다"고 주장한다.

원심[4]은 제1심과 같은 이유로 2008.4.26.자 매매가액인 32억 원을 시가로 볼 수 없다고 보았으며, 또한 원고들이 제출한 증거만으로는 그 주장과 같이 가등기 및 압류 관련 채무액이 1,834,793,170원에 달할 것으로 인정하기에 부족할 뿐만 아니라 그 채무액을 추가한 매매금액이 이 사건 각 토지 자체의 객관적 가치를 적정하게 반영한 것으로 보기도 어렵다고 보았다. 또한 원심은 2005.8.9.자 매매가액은 관계법령상 평가기준일 전후 6개월 이내의 기간에 이루어진 매매사실로 볼 수도 없으므로 시가 판단에 고려대상이 아니라고 보았다. 이러한 이유로 원심은 원고들의 항소를 모두 기각하였다.[5]

---

4) 서울고등법원 2014.4.16. 선고 2013누14834 판결.

5) 참고로 원고들은, 피고가 당초 이 사건 각 토지의 매매가액을 기준으로 상속세를 부과하는 결정을 내린 점, 처음부터 공시지가를 기준으로 상속세를 부과하였다면 현금이 부족한 원고들로서는 물납으로 상속세를 완납할 수 있었음에도 당초에 한 피고의 결정을 신뢰한 나머지 그러한 기회마저 상실하게 된 점 등에 비추어 보면, 피고가 이 사건 각 토지의 매매가액이 아닌 공시지가를 기준으로 이 사건 처분을 한 것은 신의성실의 원칙에 위배된다고 주장하였다. 이에 대해 원심은 "상증세법 제76조 제1항 및 제4항에 따르면, 세무서장 등은 신고에 의하여 과세표준과 세액을 결정한 후 그 신고한 과세표준과 세액에 탈루 또는 오류가 있는 것을 발견한 때에는 그 과세표준과 세액을 조사하여 경정한다. 이는 공정과세의 이념이나 국가과세권의 본질상 당연한 내용을 규정한 것으로서 이러한 규정에 따른 과세관청의 경정처분은 기존 세액의 납부 여부나 세액 등의 탈루, 오류의 발생원인 등과는 무관한 것으로서 이를 가리켜 신의성실의 원칙 등에 위배되는 것이라고 할 수 없다(대법원 1992.7.28. 선고 91누10732 판결 등 참조). 이 사건의 경우 피고는 원고들의 상속세 신고내용에 탈루 또는 오류가 있음을 발견하고 관련 규정에 따라 그 과세표준과 세액을 경정하였을 뿐이므로 원고들이 내세우는 사정과 증거만으로는 그와 같이 경정한 이 사건 처분이 신의성실의 원칙에 위배된다고 볼 수는 없다."고 판단하였다.

III. 대법원판결

대법원은 "상증세법 제60조 제1항은 시가에 의하여 상속재산의 가액을 평가하도록 명확하게 규정하고 있을 뿐 아니라, 상증세법 제60조 제3항에 따라 법 제61조부터 제65조까지에 규정된 방법에 의하여 평가한 가액이 적용되는 것은 시가를 산정하기 어려운 경우에 한하는 것으로 법문상 그 요건과 순서가 명시되어 있어, 자의적이거나 임의적인 해석 및 적용을 초래할 염려가 있다고 볼 수 없으므로 납세의무자의 재산권 및 사유재산제도의 본질적 내용을 침해한다고 볼 수 없다. 또한 이들 규정이 말하는 '시가'란 불특정 다수인 사이에 자유로이 거래가 이루어지는 경우에 통상 성립된다고 인정되는 가액, 즉 정상적인 거래에 의하여 형성된 객관적 교환가격을 말하는 것이므로, 비록 거래 실례가 있다고 하여도 그 거래가액을 상속재산의 객관적 교환가치를 적정하게 반영하는 정상적인 거래로 인하여 형성된 가격이라고 할 수 없는 경우에는 시가를 산정하기 어려운 것으로 보아 상증세법 제60조 제3항 등이 정한 보충적 평가방법에 따라 그 가액을 산정할 수 있다."고 본 후, 피고가 이 사건 각 토지의 가액을 상증세법 제61조 제1항 제1호 본문에 따라 개별공시지가로 평가하여 원고들에게 상속세를 부과한 이 사건 처분은 적법하다고 판단하였다.[6]

---

6) 한편 대법원은 원심과 마찬가지로 "피고가 당초 이 사건 각 토지에 관하여 원고들이 신고한 가액을 기준으로 상속세를 부과하려 하였다는 등의 사정만으로는, 피고가 원고들의 상속세 신고내용 중 탈루 또는 오류 부분을 경정한 이 사건 처분이 신의성실의 원칙에 위배된다고 볼 수 없다"고 판단하였다.

IV. 해 설

1. 대상판결의 논점

상증세법 제60조 제1항에 의해 상속세나 증여세가 부과되는 재산의 가액은 상속개시일 또는 증여일(이하 "평가기준일"이라 한다) 현재의 시가(時價)에 따른다. 한편 상증세법 제60조 제2항은 "시가는 불특정다수인 사이에 자유로이 거래가 이루어지는 경우에 통상 성립되는 가액으로 하고, 수용·공매가격 및 감정가격 등 대통령령이 정하는 바에 의하여 시가로 인정되는 것을 포함한다"고 규정하고 있다. 이와 관련하여 상증세법 시행령 제49조 제1항 본문은 "법 제60조 제2항에서 '수용·공매가격 및 감정가격 등 대통령령이 정하는 바에 의하여 시가로 인정되는 것'이라 함은 평가기준일 전후 6개월(증여재산의 경우에는 3개월로 한다) 이내의 기간 중 매매·감정·수용·경매 또는 공매가 있는 경우에 다음 각 호의 1의 규정에 의하여 확인되는 가액을 말한다"고 규정하면서, 그 제1호 본문에서 '당해 재산에 대한 매매사실이 있는 경우에는 그 거래가액'을 들고 있다. 대상판결에서는 피상속인 甲이 丙과 2005.8.9. 체결한 매매계약상의 거래가액 및 乙과 2008.4.26. 체결한 매매계약상의 거래가액을 시가로 인정할 수 있을 것인지가 문제되었다. 만약 위의 방법에 의해 시가를 산정하기 어려운 경우에는 동법 제60조 제3항에 의해 해당 재산의 종류, 규모, 거래 상황 등을 고려하여 제61조부터 제65조까지에 규정된 방법으로 평가한 가액을 시가로 본다.[7]

원고는 거래가액을 동법 제60조 제1항의 시가로 본 반면에 제1

심과 원심, 대법원은 대상 사안에서는 시가를 산정하기 어렵다고
보아 동법 제61조 제1호 본문에 의거하여 부동산 가격공시에 관한
법률에 따른 개별공시지가를 기준으로 상속세를 부과하였다.

2. 이론적 검토

(1) 상증세법 시행령 제49조 제1항 제1호 본문의 '당해 재산에 대한
매매사실이 있는 경우에는 그 거래가액'의 의미

먼저 매매계약의 유·무효 여부 및 해제 여부가 상증세법상 시
가의 판단에 있어 영향을 주는지가 문제된다. 생각건대 상속재산
을 대상으로 한 매매계약이 통정허위표시 등에 해당되지 아니하여
유효하고, 위 매매 계약에 따른 매매대금이 거래 당사자의 진정한
의사의 합치에 따른 것으로서 유효한 것이라는 점과 위 매매대금
이 상속개시 당시 이 사건 토지의 객관적인 교환가치를 적정하게
반영한 것으로서 시가로 평가될 수 있는지 여부는 원칙적으로 별
개의 문제라고 보아야 할 것이다. 마찬가지로 그 매매계약이 해제
되었다는 사실과 거래가액을 시가로 볼 것인지는 별개라고 보아야
한다.[8]

---

7) 정리하면 상증세법에 의한 재산 평가는 ① 불특정 다수인 사이에 자유로이
   거래가 이루어지는 경우에 통상 성립된다고 인정되는 가액인 '본래 의미의
   시가', ② 매매계약상의 거래가액 등 본래 의미의 시가는 아니지만 법령에
   의하여 시가의 범위에 포함되는 '간주시가', ③ 시가를 산정하기 어려운 경
   우에 적용되는 '보충적 평가액'의 구조로 되어 있다. 이중교, "상속세 및 증
   여세법상 보충적 평가액의 시가성과 자산의 고가양도에 따른 소득세와 증
   여세의 이중과세문제―대판 2012.6.14. 2012두3200을 중심으로", 저스티
   스 통권 제132호, 2012, 305면.

8) 대법원 2007.8.23. 선고 2005두5574 판결 및 대법원 2012.7.12. 선고 2010
   두27936 판결 등 참조.

(2) 상증세법 제60조 제1항의 '시가'의 의미 및 실질거래가액을 시가로 볼 수 없는 경우에 대한 판단

대상판결은 상증세법 제60조 제2항을 고려하여, 시가를 '일반적이고 정상적인 거래에 의하여 형성된 객관적 교환가격' 또는 '불특정 다수인 간에 자유로이 거래가 되는 경우 통상 성립한다고 인정되는 가액'으로 정의하고 있다.[9] 오래전부터 판례는 거래 실례가 있다고 하여도 그 거래가액을 상속재산의 객관적 교환가치를 적정하게 반영하는 정상적인 거래로 인하여 형성된 가격이라고 할 수 없는 경우에는 시가를 산정하기 어려운 것으로 보아 상증세법 제60조 제3항 등이 정한 보충적 평가방법에 따라 그 가액을 산정할 수 있다고 보는데,[10] 어떠한 경우에 '실지거래가액'을 객관적인 교환가치로 볼 수 없을 것인가?

대부분의 시장에서 실지거래가격은 목적물의 통상적이고 객관적인 가치를 반영하게 된다. 이러한 이유에서 상증세법 시행령 제49조 제1항 제1호 본문이 거래 실례가 있는 경우에는 그 거래가액을 시가로 인정하고 있다고 볼 수 있다. 그러나 목적물에 대한 가치평가를 방해하는 시장장애요소가 존재할 수 있다는 점, 목적물의 객관적이고 통상적인 시장가치가 존재하지 않는 경우가 있다(예: 노동력의 가치)는 점 등을 고려하면 매매가격은 목적물의 객관적인 가치와 동일하지 않다. 요컨대 실지매매대금이 항상 객관적 교환가치를 의미하지는 않는다. 물론 이미 세세하게 매매목적물의

---

9) 이 규정에 의한 정의를 전제로 임승순, 조세법, 박영사, 2009, 854면은 시가로 인정되기 위해서는 ① 주관적인 요소가 배제되어 객관적일 것, ② 일반적이고 정상적인 거래에 의하여 형성된 것일 것, ③ 객관적인 교환가치를 적정하게 반영할 것 등의 요건을 갖추어야 한다고 보았다.

10) 대법원 2015.2.12. 선고 2012두7905 판결.

성상의 차이에 따라 규격화된 기록이 있어, 이러한 방식이 보편적으로 이용되었다면 매매대금이 객관적 가치가 될 수 있다. 그러나 시장에서 매매가격의 결정은 객관적인 시장가치와는 거리가 먼 비합리적인 이유들에 의해 영향을 받을 수 있다. 예컨대 매매가격은 매수인 및 매도인이 자신에게 경제적으로 이익이 되지 않음에도 불구하고 주관적인 애호가치(Affektionsinteresse)와 같은 비이성적 가치평가에 영향을 받을 수 있으며, 더 나아가 계약 당사자 간의 잘못된 가치평가 등에 의해서 결정될 수도 있다.11)

먼저 甲이 丙과 2005.8.9. 체결한 매매계약상의 거래가액 47억 원은 평가기준일 전후 6개월 이내의 기간 중 매매가 아니므로, 상중세법 시행령 제49조 제1항 제1호 본문이 적용되지 않는다.

다음으로 평가기준일 전 6개월 이내의 기간 중 매매라고 할 수 있는 甲이 乙과 2008.4.26. 체결한 매매계약상의 거래가액 32억 원 또한 상속재산의 객관적 교환가치를 적정하게 반영하는 정상적인 거래로 인하여 형성된 가격이라고 할 수 없다. 특히 이 사건 각 토지에 인접한 임야가 망인 甲의 사망 직전인 2008.6.13. 수용되었는데, 그 보상금액이 이 사건 각 토지의 개별공시지가 평균액(㎡당 26,493원)보다 높은 ㎡당 37,050원으로 산정되었던 점 등에 비추어 보면, 원고들이 주장하는 매매가액은 이 사건 각 토지의 객관적 가

---

11) 이런 이유에서 당사자 간의 매매가격 결정은 객관적 교환가치를 전제로 하는 손해배상과는 다르다. 당사자 간의 매매가격의 결정은 비이성적이고 주관적인 요소가 관여할 여지가 다분하지만 손해배상은 원칙적으로 "합리적이고, 경제적으로 판단하는 인간이 피해자와 같은 상황에서 목적에 합당하고 필수적이었을(ein verständiger, wirtschaftlich denkender Mensch in der Lage des Geschädigten für zweckmäßig und notwendig halten darf)" 손해의 전보를 목적으로 하기 때문이다. HK-BGB/Schulze, 8. Aufl., 2014, BGB § 249 Rn. 5; BGH, Urteil vom 15.2.2005 – VI ZR 74/04, NJW 2005, 1041, 1042.

치를 적정하게 반영한 것으로 볼 수 없을 것이다. 이러한 이유에서 대상판결은 평가기준일 전후 6개월 전후에 매매가 있다 하여 그 가격을 시가로 단정 짓지 않았다고 볼 수 있다. 생각건대 무상취득이나 무상공여와 같이 평가가 수반되어야 하는 경우, 부당행위계산부인과 같이 세법상 당사자의 거래행위를 실제 내용 그대로 용인하기 어려운 경우 등에는 그 평가기준으로 실지거래가액을 고려할 수 없는 것과 유사하게 현저하게 객관적 교환가치와 실지거래가액에 차이가 있는 경우에는 상증세법 제61조 제1항 제1호 본문에 의거하여 개별공시지가를 기준으로 상속세를 부과하는 것이 타당할 것이다.

  (3) 상속대상 재산에 대해 소유권이전청구권 보존을 위한 가등기가 경료되어 있는 경우, 시가 산정에 있어 고려되어야 할 것인지 여부

  대상판결의 사안에서 이 사건 각 토지 일부에 관하여 소유권이전등기청구소송이 계속 중이거나 소유권이전청구권 가등기가 경료되어 있다. 따라서 원고들이 위 소송에서 패소하거나 위 가등기에 기한 본등기가 경료될 경우를 고려하여 해당 토지의 가액만큼 상속재산에서 제외시킬 것인지가 문제된다.

  상증세법 제14조 제4항 및 동법 시행령 제10조 제1항 제2호에 의하면, 상속재산의 가액에서 차감될 채무는 상속개시 당시 피상속인의 채무로서 상속인이 실제로 부담하는 사실이 채무부담계약서, 채권자확인서, 담보설정 및 이자지급에 관한 증빙 등에 의하여 확인될 수 있는 것에 한한다고 할 것인바, 상증세법 시행령 제10조 제1항 제2호 소정의 채무의 입증방법은 한정적인 것이 아니라 채무 부담 사실을 입증할 수 있는 서류를 예시적으로 열거한 것이라고 할 것이고, 피상속인과 채권자 사이의 채권채무관계에 관한 확

정 판결문은 당연히 그 채무 부담 사실을 확인할 수 있는 서류에 포함된다고 할 것이다. 그러나 소유권이전등기청구소송이 계속 중이거나 소유권이전청구권 가등기는 상속재산에서 공제될 채무라고 보기 어려우며 나중의 소송결과 등에 따라 원고들이 상속세의 환급을 구하는 경정청구를 할 수 있을 뿐이므로, 이 사건 상속세의 가액을 정함에 참작할 사유로 볼 수 없을 것이다.

(4) 시가주의 원칙과 상속세 면탈 방지

대상판결의 사안의 경우에는 상속개시 2개월 전에 개별공시지가에 현저하게 미달한 금액으로 거래가액이 산정되었는데, 만약 이러한 거래가액을 상증세법 시행령 제49조 제1항 제1호 본문의 '당해 재산에 대한 매매사실이 있는 경우에는 그 거래가액'으로 보아 시가로 본다면, 향후 이 방법은 교묘하게 상속세를 면탈하기 위한 수단으로 활용될 것이다. 물론 세금 면탈에 대한 억지(抑止)는 다른 방법으로도 도모할 수도 있으나 면탈목적 등을 증명하는 것이 어려울 수 있다는 점에서 실지거래가액이 객관적 교환가치를 전혀 반영하고 있지 않은 경우에는 개별공시지가를 기준으로 상속세를 부과하는 방법은 간접적으로 상속세 면탈행위를 저지하는 역할을 담당한다고 볼 수 있다.

3. 관련판례

(1) 상증세법 시행령 제49조 제1항 각 호는 열거인가? 예시인가?

학설 중 일부는 상증세법 시행령 제49조 제1항 각 호 사유를 열거로 이해하여 기타의 사유는 시가로 간주될 수 없다고 본다.[12] 반면에 판례는 상증세법 제60조는 제1항에서 상속 또는 증여재산의 평가에 있어 시가주의 원칙을 선언하고 있고, 제2항에서 그 시가가 일반적이고 정상적인 거래에 의하여 형성된 것으로서 객관적인 교환가치를 적정하게 반영한 것이어야 함을 전제로 시가로 인정될 수 있는 대략적인 기준을 제시하면서 그 구체적인 범위를 대통령령으로 정하도록 위임하고 있는바, 그 위임을 받은 상증세법 시행령 제49조 제1항 각 호에서 과세대상인 '당해 재산'에 대한 거래가액 등을 시가로 규정한 것은 상속 또는 증여재산의 시가로 볼 수 있는 대표적인 경우를 예시한 것으로 본다(대법원 2010.1.14. 선고 2008두6448 판결 등 참조). 따라서 상증세법 시행령 제49조 제1항 각 호에 규정되어 있지 않은 사유 또한 시가로 인정될 수 있다.

  (2) 상증세법 제60조 제3항이 규정한 보충적 평가방법에 따라 그 가액을 산정하는 경우

  상증세법 제60조 제3항은 "제1항을 적용할 때 시가를 산정하기 어려운 경우에는 해당 재산의 종류, 규모, 거래상황 등을 고려하여 제61조부터 제65조까지에 규정된 방법으로 평가한 가액을 시가로 본다"고 규정하고 있다.[13] 그런데 대상판결의 사안이 문제된 시점(2010.1.1. 개정전)의 상증세법 제60조 제3항은 "제1항의 규정을 적용함에 있어서 시가를 산정하기 어려운 경우에는 당해 재산의 종류 · 규모 · 거래상황 등을 감안하여 제61조 내지 제65조에 규정된

---

12) 김두형, "상속세 및 증여세법상 비상장주식의 공매가격과 시가", 조세연구 제3권, 2003, 49면.

13) 이러한 보충적 평가방법은 시가에 관한 증명의 곤란을 구제하고 평가방법을 객관화하는데 입법취지가 있다. 이중교, 앞의 논문, 300-301면. 최선집, "비상장주식 거래시 시가산정의 문제와 상증세법상 보충적 평가방법의 효력", 조세법연구 제10집 제2호, 2004, 860면 이하에서는 보충적 평가방법이 법적 안정성에 기여한다고 본다.

방법에 의하여 평가한 가액에 의한다"고만 규정하고 있을 뿐이어서 보충적 평가액을 시가로 간주하는 명시적 규정이 존재하지 않았다. 이에 대해 대법원 2012.6.14. 선고 2012두3200 판결은, "상증세법 제60조 제3항이 현실적으로 제2항에 의한 시가를 산정하기 어려운 경우의 대안으로 상증세법 제61조 내지 제65조에 따른 평가액을 들고 있는 점, 상증세법 제61조 내지 제65조는 시가를 합리적으로 추정하는 평가방법을 규정하고 있는 점 등을 종합하면, 상증세법 제60조 제3항에 따라 제61조 내지 제65조에 규정된 방법으로 평가한 가액은 증여세가 부과되는 재산의 가액을 산정하는 기준이 되는 시가에 해당함은 물론이고, 상증세법 제35조 제2항 등에 의하여 증여세 부과대상이 되는지를 판단하는 기준이 되는 시가에도 해당한다고 봄이 타당하다."고 보아, 상증세법에 의한 재산평가 체계상 보충적 평가액이 차지하는 지위와 현실적으로 수행하는 기능을 고려하여 최초로 상증세법의 보충적 평가액이 시가에 해당한다고 판단하였다.[14]

상증세법 제60조 제1항의 규정이 말하는 '시가'란 불특정 다수인 사이에 자유로이 거래가 이루어지는 경우에 통상 성립된다고 인정되는 가액, 즉 정상적인 거래에 의하여 형성된 객관적 교환가격을 말하는 것이므로, 비록 거래 실례가 있다고 하여도 그 거래가액을 상속재산의 객관적 교환가치를 적정하게 반영하는 정상적인 거래로 인하여 형성된 가격이라고 할 수 없는 경우에는 시가를 산정하기 어려운 것으로 보아 상증세법이 정한 보충적 평가방법에 따라 그 가액을 산정할 수 있다(대법원 2015.2.12. 선고 2012두7905 판결

---

14) 2010.1.1. 개정된 상증세법 제60조 제3항은 "(…) 제61조부터 제65조까지에 규정된 방법으로 평가한 가액을 시가로 본다"고 보아 논란의 여지를 없앴다.

등 참조).

4. 대상판결의 의의

상속세는 죽음 자체가 과세계기가 되는 세금으로 부의 집중을 완화하고 경제적 균등을 도모하는 기능을 수행하고 있다는 점에서, 시장의 소득분배 실패를 보완하는 일종의 균형추(counter weight) 역할을 담당한다. 그런데 상속세가 그 역할을 담당하기 위해서는 상속재산 확정과 평가가 무엇보다 중요하다.[15] 이에 상증세법 제60조는 제1항에서 상속 또는 증여재산의 평가에 있어 시가주의 원칙을 선언하고 있고, 제2항에서 그 시가가 일반적이고 정상적인 거래에 의하여 형성된 것으로서 객관적인 교환가치를 적정하게 반영한 것이어야 함을 전제로 시가로 인정될 수 있는 대략적인 기준을 제시하면서 그 구체적인 범위를 대통령령으로 정하도록 위임하고 있는바, 그 위임을 받은 상증세법 시행령 제49조 제1항 각 호에서는 과세대상인 '당해 재산'에 대한 거래가액 등을 시가로 규정하고 있다. 그러나 '시가'란 불특정 다수인 사이에 자유로이 거래가 이루어지는 경우에 통상 성립된다고 인정되는 가액, 즉 정상적인 거래에 의하여 형성된 객관적 교환가격을 말하는 것이므로, 비록 거래 실례가 있다고 하여도 그 거래가액을 상속재산의 객관적 교환가치를 적정하게 반영하는 정상적인 거래로 인하여 형성된 가격이라고 할 수 없는 경우에는 시가를 산정하기 어려운 것으로 보아 상증세법이 정한 보충적 평가방법에 따라 개별공시지가를 기준으로 상속세를 부과할 수 있다. 대상판결은 상속재산의 평가와 관련

---

15) 즉 자산의 가액은 납세자가 부담하는 세액의 크기와 직결되므로 과세관청과 납세자에게 중대한 관심의 대상이 된다.

하여 종래 판결(대법원 2015.2.12. 선고 2012두7905 판결 등)을 재확인하였다는 점 및 실지거래가액이 객관적 교환가치를 적정하게 반영하는 정상적인 거래로 인하여 형성된 가격으로 볼 수 없는 집합군 중 하나를 제시하였다는 점에서 의의를 가진다.

참고문헌

김두형, "상속세 및 증여세법상 비상장주식의 공매가격과 시가", 조세연구 제3권, 2003.

이중교, "상속세 및 증여세법상 보충적 평가액의 시가성과 자산의 고가 양도에 따른 소득세와 증여세의 이중과세문제—대판 2012.6.14. 2012두3200을 중심으로", 저스티스 통권 제132호, 2012.

임승순, 조세법, 박영사, 2009.

최선집, "비상장주식 거래시 시가산정의 문제와 상증세법상 보충적 평가방법의 효력", 조세법연구 제10집 제2호, 2004.

최성일, 상속세와 증여세 실무, 서울: Samil(삼일인포마인), 2015.

HK-BGB/Schulze, 8. Aufl., 2014, BGB § 249.

필자 약력

김상훈

- 고려대학교 법과대학 졸업
- 고려대학교 대학원 법학박사
- 미국 서던캘리포니아대학교(USC) 로스쿨 졸업(LL.M.)
- 사법연수원 수료(33기)
- 현재 법무법인 바른 변호사

박근웅

- 연세대학교 법과대학 졸업
- 연세대학교 대학원 법학박사
- 현재 연세대학교 법학연구원 전문연구원

배인구

- 고려대학교 법과대학 졸업
- 고려대학교 대학원 박사과정 수료
- 사법연수원 수료(25기)
- 서울가정법원 부장판사 역임
- 현재 법무법인 로고스 변호사

서종희

- 연세대학교 법과대학 졸업
- 연세대학교 대학원 법학박사
- 국민대학교 법과대학 교수 역임
- 현재 건국대학교 법학전문대학원 교수

엄경천

- 한양대학교 법과대학 졸업
- 사법연수원 수료(34기)
- 현재 한국가족법연구소 변호사

우병창

- 고려대학교 법과대학 졸업
- 고려대학교 대학원 법학박사
- 상지대학교 법학과 교수 역임
- 현재 숙명여자대학교 법과대학 교수

정구태

- 고려대학교 법과대학 졸업
- 고려대학교 대학원 법학박사
- 현재 조선대학교 법과대학 교수

정다영

- 서울대학교 법과대학 졸업
- 서울대학교 대학원 박사과정 수료
- 사법연수원 수료(40기)
- 현재 영남대학교 법학전문대학원 교수

최준규

- 서울대학교 법과대학 졸업
- 서울대학교 대학원 법학박사
- 사법연수원 수료(34기)
- 한양대학교 법학전문대학원 교수 역임
- 현재 서울대학교 법학전문대학원 교수

2017년 가족법 주요 판례 10선

초판 인쇄 2018년 6월 5일
초판 발행 2018년 6월 15일
–
저 자 김상훈 · 박근웅 · 배인구 · 서종희 · 엄경천
       우병창 · 정구태 · 정다영 · 최준규
–
펴낸이 이방원
펴낸곳 세창출판사
     신고번호 제300-1990-63호   주소 03735 서울시 서대문구 경기대로 88 냉천빌딩 4층
     전화 723-8660 팩스 720-4579
     이메일 edit@sechangpub.co.kr   홈페이지 www.sechangpub.co.kr
–
값 17,000원

ISBN 978-89-8411-758-7 93360